文库

社会进化史

蔡和森　著

辽宁教育出版社

·沈阳·

图书在版编目（CIP）数据

社会进化史 / 蔡和森著 . -- 沈阳 : 辽宁教育出版
社 , 2025. 1. --（大家学术文库）. -- ISBN 978-7
-5549-4362-5

Ⅰ . K02

中国国家版本馆 CIP 数据核字第 2024JX8024 号

社会进化史

SHEHUI JINHUASHI

出 品 人：张　领
出版发行：辽宁教育出版社（地址：沈阳市和平区十一纬路 25 号　邮编：110003）
　　　　　电话：024-23284410（总编室）
　　　　　http://www.lep.com.cn
印　　刷：三河市三佳印刷装订有限公司

责任编辑：范美娇　刘代华　吕　冰
封面设计：格林文化
责任校对：王　静　黄　鲲　李权洲
幅面尺寸：150mm×230mm
印　张：12.5
字　数：166 千字
出版时间：2025 年 1 月第 1 版
印刷时间：2025 年 1 月第 1 次印刷

书　号：ISBN 978-7-5549-4362-5
定　价：68.00 元

"大家学术文库" 编者按

中国学术，昉自伏羲画卦，至周公制礼作乐而规模始备。其后，王官失守，孔子删述六经，创为私学，是为诸子百家之始。《庄子》曰："道术将为天下裂。"孔子殁后，儒分为八；墨子殁后，墨分为三。诸子周游天下，游说诸侯，皆以起衰救弊、发明学术为务，各国亦以奖励学术、招徕人才为务，遂有田齐稷下学官之设。商鞅变法，诗书燔而法令明；始皇一统，儒士坑而黔首愚，当此之时，学在官府，以吏为师，先王之学，不绝如缕。至汉高以匹夫起自草泽，诛暴秦，解倒悬，中国学术始获一线生机。其后，汉惠废挟书之律，民间藏书重见天日。孝武之世，董子献"罢黜百家，表彰六经"之策，定六经于一尊。其后，虽有今古之分、儒释之争、汉宋之异、道学心学之别、义理考据之殊，而六经独尊之势，未曾移也。

及鸦片战起，国门洞开，欧风美雨，遍于中夏，诚"三千年未有之变局"。当此之时，国人震于列强之船坚炮利，思有以自强；又羡于西人之政教修明，思有以自效。于是有"变法守旧之争""革命改良之争""排满保皇之争"，而我国固有之学术传统，亦因之而起变化。清季罢科举而六经独尊之势蹶，蔡子民废读经而六经独尊之势丧。当此之时，立论有信古、疑古、释古之别，学派有"古史辨"与"学衡"之争，学说有"文学革命""思想革命""文字革命""伦理革命"诸说，师法有"师俄""师日""师西"之分，众说纷纭，莫衷一是，百家争鸣，复见于近代。

民国诸家，为阐明道术、解救时弊，著书立说、授课讲学，其学术思想，历久弥新，至今熠熠生辉，予人启迪。然近人著作，汗牛充栋，多如恒河之沙，使人难免望书兴叹，不知从何下手，穷其一生，亦难以尽读。因此之故，我们特精选最具代表性之近人著作，依次出版，俾读者略窥学术门墙，得进学之阶。此次选辑出版，虽未能穷尽近人学术之精品，难免有遗珠之憾；然能示人以门径，使人借此以知近人学术规模之宏大、体系之完密，亦不失我们编辑出版"大家学术文库"之初衷。

此次出版，为适应今人阅读习惯，提升丛书品质，我们特对所选书籍做了必要之编辑加工，约有如下诸端：

一、改繁体竖排为简体横排；

二、修正淘汰字、异体字，规范标点符号用法，为一些书加新式标点；

三、校改原稿印刷产生之错字、别字、衍字、脱字；

四、凡遇同一书稿中同一人名有两种及以上不同写法者，一律统改为常用写法。

除以上所举四点之外，其余一仍其旧，力求完整保持各书原貌。

然限于编者之有限学力，书中疏漏之处，在所难免，尚祈广大方家、读者诸君不吝批评斧正。

编　者

二〇二四年三月

目　录

第二篇　财产之起源与进化

第三篇　国家之起源与进化

绪　论

有史以前人类演进之程序

自生物学昌明以来，吾人始知人类不过为哺乳动物之一种，和猿类同出于一个共同的祖先。人类达到现今这样的程度，也如其他各种动物一样，完全由于过去无虑亿兆年载之历史的演进。原始人类自从前二足演进为两手和脑力逐渐发达而能制造工具之后，才与动物时代完全分离，并且优胜于其他一切动物，而建立人类的社会。

自发生学、化石学和比较解剖学渐渐发达，各种生物演进的程序略已彰明于世。然而有史以前（Préhistoire）人类演进之程序怎样？这个问题，直到 19 世纪下半叶摩尔根（Morgan）的著作出世才有确定的解答。所以 19 世纪学术界空前的大杰作：于达尔文的《种源论》（Darwin，*Origin of Species*）和马克思的《资本论》（Marx，*Capital*）之外，还有摩尔根的《太古社会》（*Ancient Society*）。

摩尔根真是发明原始人类演进程序的第一人；他身居美洲土人印第安民族（Indiens）中，前后考察凡数十年；他从"群""家族"以至"国家"的形成，挨次追溯社会的进化。他不知道马克思，也不知道唯物史观的学说（La théorie matérialist de l'histoire）；然而他于不知不觉中，竟在美洲从新发明并且系统的应用了这种真理（马克思是在他的前四十年发明的），他所研得的主要结果，大致与马克思是一样的。

摩尔根的著作初发表时，欧洲研究有史以前的原史学家或人类学家，始而惊讶，继而攻击争论四十年之久，最后才默认而剽窃其次要的发见以为己有；至于太古社会中之重要的部分，他们故意含默不宣。至恩格斯著《家族私产与国家之起源》（Engels，*L' origine de la Famille, de la Propriété Privée et de l'État*），将摩尔根和马克思两人的意见联合一致，至此摩氏不朽之业才发扬光大于世，而历史学亦因此完全建立真实的科学基础。

现在首述摩尔根所划分之历史的理论时代，以为本书全部之纲领。

摩尔根分人类历史为三大时代：

（一）野蛮时代（État Sauvage）

（二）半开化时代（Barbarie）

（三）文明时代（Civilisation）

而野蛮时代和半开化时代之中，随其生存方法之进步，又各分为：初期（Stade Inférieu）、中期（Stade Moyen）与高期（Stade Supérieur）。

A　野蛮时代

野蛮时代的初期——这是人类的幼稚时期，人们分部生活于树上，以果子胡桃树根为食品。所以热带森林为人类最原始的住居。这个时期重要的产物仅为简单的语言。我们所知道的一切历史时代的各民族莫不经过这样的幼稚时期。纵然这个时期经过几千年之久，我们现今已得不到直接的证明了；然而跳出动物时代而成为人类，我们不能不承认必须经过这个过渡。

野蛮时代的中期——这个时期开始发明用火；人们取鱼类（如虾蟹介壳之类及其他水生动物）以为食。鱼与火是同时发明使用的，因为鱼非煮熟不能食。由这类新食品与火的发明，人们遂能渐渐离气候与地方独立起来，沿江沿河的去寻生活。于是人类才散布于广大的地面之上。

这个时期重要的产物还有粗糙的石器。制造石器的方法，大约是利用石头去打碎石头，拿那锐利的大石片作刀斧，小的用以打禽鸟或小兽。原始的武器（石斧与石棒）就是这样发明的；并且石头打石头而生火，火也是由此发明的。所谓石器时代，大部分或全部分，即属于这个时期。

由此人们更散布于各大陆，他们既时常占领新地带，而发见的本能也更加敏捷。他们有了拷火石，随时随地可以造新食品，树根与淀粉质的块茎常可煨煮于火灰及地灶之中。随着原始武器的发明，禽兽又为人们食品中不时添加之美味。从这个时期起，人们渐渐知道打猎；所谓渔猎时代，便是这个时期形成的。然猎的产物不一定很多，有时也许一无所获。食品的来源常不确定，因而发生食人的习惯。这样的情形，有为时很暂的，也有为时很久的。如非洲与澳洲的土人，至19世纪还停滞于这个时期。

野蛮时代的高期——这个时期开始发明弓箭。因此禽兽成为定规的食品，打猎成为通常的劳动；并且脱离此前的江河漂泊生活而人居于广大森林地带之中。人们既能造弓、箭、弦这样复杂的工具，技术程度已属不低；这种发明，足以显明这个时期人文演进的特征。然而这不是偶然的事，必须积聚长期间的经验始能成功。

这个时期的人们虽然知道制造弓箭，但还不知道制造陶器。石器则更为进步，能制造精致文雅之石器而形成新石器时代。木工亦渐渐发明而能制造独木舟及木器用具，并且渐知用树干树枝建造简陋的房屋脱离以前巢居穴处的生活；而村落的建设也在这个时期开始。纺织工亦初发明，如用手纺树皮纤维，及用树皮或灯草编织篮篓。

由此：火、石斧、弓箭、木具、手织物、独木舟、木屋、村落等生存方法日益演进，生产权威日渐确定，而人们生活亦渐复杂而丰富。这个时期演进的程序，摩尔根曾举美洲西北部印第安人为例证：这些地方的印第安人已经知道造弓箭而不知道造陶器。

B　半开化时代

半开化时代的初期——这个时期始发明陶器。依照摩尔根的研究，陶器的发明为由野蛮时代到半开化时代的过渡。陶器发明之初步，不过就木制器皿或树皮织物之外部涂以粘土，使其能煮食品耐火而不燃化；然后才渐知不需此等内部里物而纯用粘土烧铸成器。

陶器不过为使用工具的进步；而这个时期生产上的重大进步则为家畜的发明。家畜的发明，实为这个时期主要的特征。因为家畜的饲养，而某几种植物的种植也随着开始。畜乳与畜肉为主要的生产品；而皮、毛、角又可制为各种用具。

半开化时代的中期——这个时期东半球已经具有各种适宜的家畜及饲养家畜的各种植物与谷类——只缺少玉蜀黍一种；西半球的家畜除骆驼外，其余各种哺乳动物都还未得驯养，谷类在起初的时候，亦只珍珠米之一种——不过这是一种最好的。农业初步的园圃亦已发明，并且知道用人工灌溉法以种园蔬。建筑术也随时进步，人们已知利用泥土与太阳以作乾砖或应用石头以建筑房屋。

家畜繁殖成为大群之后，最先进的民族遂远离其祖先居住的森林地带向水草平原散布而入于游牧生活。所谓游牧时代，便是由此形成的。

因为人们与牲畜需要的食品渐渐增加，播种麦子的要求也逐渐扩大。此时牲畜既丰富，五谷的种植又因牲畜与人口的需要而扩大，由此食人的习惯遂致消失。

铜器的发明，大约也在这个时期。不过因为铜的硬度很低，所以石器还有作用，石器时代还没有完全终止。

半开化时代的高期——这个时期始发明铸铁与简单的文字。铸铁与文字为人类进于文明的渡桥。借着铁器的发明，耕种地面才有扩大之可能，人类生产才向农业时代演进；山林荒野，日被开垦而成为耕地与牧场；实际生存方法无限增加，活动能力亦异常激进，人类生活至此遂别开生面。

酿酒与制油之业至此亦已大备。因为铁器的发明，建筑、造船，及多轮车各种技术亦跟着精进；五金工作更成为熟练的技艺，武器方面的进步与完成自然更不待说。

吾人单就武器一端，亦足表明各大历史时代之特征：即弓箭为野蛮时代的武器；铁剑为半开化时代的武器；枪炮为文明时代的武器。

由此城市繁兴，而其周围环以铳眼之城墙；文明降临，而有神话或歌谣之记述。先进的民族遂向极繁盛的新时代进发。这个程序在东半球特别显著：埃及、巴比伦、希伯来、腓尼基、波斯、希腊、罗马，以及日耳曼和诺尔曼各民族遂接续跃登了文明舞台。

以上所述人类发展的大概，经过野蛮时代和半开化时代以至文明时代的发端，每个时代的变化有每个时代的新特征，而这些新特征即直接为生产方法的变迁所引起。今再就摩尔根的分类，简括以明之：

野蛮时代——这是人们只知攫取自然的生产（自果食树根以至禽兽），而人为的生产（如弓箭等）不过为辅助这种攫取之用的时代。

半开化时代——这是人们从事于畜牧耕种，对于自然生产（牲畜与土地等）加以劳动而获得积极的创造方法的时代。

文明时代——这是人们借着工业与技术，把自然的生产（如各种原料）制造为人为的生产的时代。

注一：以上所述每一时代或每一等级的进化，具有普遍世界一切民族之通性；只在时间上有演进迟早之距离，决不因各民族所在地之不同而发生根本异趣之特殊途径。即如半开化时代，东大陆与西大陆因自然条件之不同，以致两地所具家畜植物显然歧异；这种生产上的歧异，在一定时期内虽足影响于该地民族的生活及其演进的程度，然决不能根本破坏人类进化的普遍步趋。

注二：欧人征服美洲时，东部印第安人刚入半开化时代。他们耕作一定地亩的园圃，所种的是玉蜀黍、南瓜、甜瓜及其他园蔬；他们重要的食品即取给于此。他们住的是木屋，一些木屋形成一个村落，村落的周围环以篱笆。西北部印第安人则还在野蛮时代的高期，他们既不知道制陶器，又不知道耕种任何植物。反之，墨西哥、新墨西哥、秘鲁和亚美利加中部的印第安人，在被征服时已达到半开化的中期。他们住的是砖与石砌成的屋子；他们的村落中筑有堡垒。他们耕种玉蜀黍及其他各种随地带而不同的植物；他们用人工灌溉的园圃，就是食品的主要来源。他们已驯养了几种家畜：墨西哥土人所驯养的是白露鸡及其他鸟类；秘鲁土人所驯养的是骆驼。他们已知开采各金属，但还不知道铸铁；所以他们的武器还不能不用石器。他们正在演进中；然而横被西班牙征服，以后自动的发展便打断了。

注三：上古史主要的民族有三：一为哈密的族（Hamitie），一为闪密的族（Semitie），一为亚利安族（Aryon）。自埃及（属哈密的族）、巴比伦、腓尼基、希伯来（属闪密的族），以至希腊、罗马、日耳曼（属亚利安族）之文明，皆为三族所演成。而使他们能成为历史的主要民族之枢纽，则在半开化时代家畜之发明。家畜与众多畜群形成之后，遂使闪密的族与亚利安族从其余各未开化的种族中分离出去，远徙于欧亚各地：于是幼发拉底河（Euphrate）与底格里河（Tigre）流域成为闪密的游牧民族的牧场；印度阿克苏（Oxus）、雅克萨底（Iaxarte）、顿河（Don）以及腾尼河（Dnieper）流域成为亚利安游牧民族的牧场。前此他们的老宗祖——野蛮时代与半开化初期的人们——所不居住并且不能居住的水草平原，至此成为人类的新摇床。反之，要这些新后裔脱离平原绿野而复反于老祖宗所居的森林地方，那是决不可能的事了。闪密的族与亚利安族因为兽肉兽乳之丰富，故其儿童之发育异常优良，从此两民族遂成为天之骄子而发达到最高的文明。此处我们可取美洲新墨西哥的印第安人来比较：此处的印第安人几乎专限于蔬食，不容易获得兽肉与鱼类，故其头脑比较半开化初期的人还更小。

第一篇
家族之起源与进化

第一章

原始家族史之概要

人类进化的主要动因有二：一是生产，一是生殖。前者为一切生活手段的生产，如衣食住等目的物及一切必要的工具皆是；后者为人类自身的生产，简言之即为传种。人们生活于一定时期与一定地域的各种社会组织，莫不为这两种生产所规定所限制。这两种生产在历史上的演进：一面为劳动发达的程序；别面为家族发达的程序。

原始家族史，在社会进化史中，居一个重要地位。然而这门科学在 1860 年前，还未萌芽；历史家关于这个领域，尚全在摩西（Moise）五部古书的影响之下。书中详细描写的为宗法式的家族形态，除掉一夫多妻制以外，几乎与近世的家庭同条共贯。这样一来，仿佛一般的家庭没有什么历史的演进可说了。然而人们不能不承认在近世的一夫一妻制之外，东方还有一夫多妻制存在，西藏还有一妻多夫制存在；这三种家族形式，照一般的历史家看来，在历史的排列秩序中似乎是不相联属的。

原始家族的历史，至 1861 年，才有巴学风（Bachofon）的《母权》（Droit-maternel）出世。书中重要之点有四：

（一）原始的人类，两性生活为乱交。

（二）这类性交，不容父性之确立，子女只知有母而不知有父，因而发生母系制，换过说，即母权制，上古一切民族，莫不由此起源。

（三）这样的结果，妇女与母性成为后嗣惟一确认之尊亲，其享受尊敬之程度，照巴学风的想象，遂达到母性统治权。

（四）后来转变到一夫一妻制，妇女才专属于一个男人。然这种转变违犯原始的宗教律（即实际上违犯别的男子在这个妇人身上的传种权利）；妇女只有用暂时或定期卖淫的方法，才得赎此破坏旧习惯之罪，而获单一结婚的权利。

巴学风在家族历史上，要算是第一个开荒的功人。他的书中，有许多论证虽未免落于空想的神秘的窠臼。然而有两点功绩是决不可磨灭的：第一，他极力从古籍中搜集许多证据，证明原始的两性关系完全为乱交，不仅一个男子可与几个女子发生性的关系，一个女子也可与几个男子发生性的关系，并且全无遮盖的习惯。第二，就是他所证明的母权和女系地位在原始社会之重要，简直为世人梦想不到的惊奇。他这些发见，在历史科学中，等于作了一个大革命。

继巴学风而起的为麦克林兰（MacLennan）。麦克林兰以冷酷的法律家的面貌，代替巴学风诗人的天性。麦克林兰从上古与近代的许多野蛮民族半开化民族及开化民族中，发见一种掠夺婚姻（Mariage par rapt）的形式，即一个种族的男子，全靠用腕力掠夺别个种族的女子。这种掠夺婚姻怎样发生的呢？照麦克林兰的意见，一是因为族内女子不够，一是因为族内禁止结婚；然亦有按照习惯，务必使男子与自己族内女子结婚之种族。麦克林兰叫前者为族外婚姻（Exogames），后者为族内婚姻（Endogames）；因而建立族外婚和族内婚的种族之对偶法则。族外婚的种族只能娶别种族的女子为妻，由此种族与种族之间发生永远战争的状态。然而这种状态适合于野蛮时代；掠夺婚姻也就从此开始。

族外婚姻的习惯从哪里来的呢？麦克林兰也以为血统与乱伦婚姻的观念，在当时是绝对没有的；这些观念不过在很迟才发生。惟当时杀女的习惯（女生后即杀之）很普遍于各野蛮民族，由此各孤立的种族遂致男子过剩。男子过剩的结果：第一，发生一妻多夫制，几个男子共一妻；第二，发生母系而排斥父系，子女只知认母而不知认父；第三，妇女之缺乏并不因一妻多夫制而解决，遂只有野蛮的或组织的掠夺外族的妇女，于是遂成族外婚姻之习惯。所以麦克林兰在他的《原始婚姻》（*Primitive Mariage*）里面说："族外婚姻与一妻多夫，是由两性人口不均之惟一原因而产生的，我们应视一切族外婚的种族即为原始一妻多夫的种族。"

麦克林兰第一个功绩在指明他所称的族外婚姻之普遍的通行及其意义；第二个功绩在承认原始的嗣续制度从母系而不从父系。这一点，巴学风前已发明了，不过再经麦克林兰重新肯定。

麦克林兰只承认婚姻有三种形式：一夫多妻（Polygamie）、一妻多夫（Polyandrie）与一夫一妻（Monogamie）。但是在未开化各民族中，还有一团男子和一团女子共同结婚的某几种形式之存在，并且发见的证据一天一天繁多。1870年，刘博克（Lubbock）在他的《文明之起源》（*The Origin of Civilisation*）中开始承认群体婚姻（Mariage par groupe）为历史的事实。

1871年，摩尔根带了许多新材料和决定的见解跃登舞台。摩尔根以他在美洲各种红色印第安人中之考察，建立一种特异的"伊洛葛（Iroquois）的亲族体系"。伊洛葛为美洲一切土人——即一切印第安人之通称，而这种亲族体系即通行于全大陆的印第安人。1871年，摩尔根发表《血统与亲族之体系》（*Systems of Consanguinity and Affinity*）后，在原始人类历史中开辟了一个新天地；因为群体婚姻之确认，而麦克林兰内婚外婚对偶学说的根基遂不免为之动摇。

麦克林兰要辩护他的学说，遂指群体婚姻为人为的捏造。其实，外婚与内婚的对偶设定，本身便发生矛盾而不能说明。比如有两个独立自主的种族：一个绝对禁止和外族通婚，一个务必娶外族妇女为妻，两者显然互相排斥，如何能成对偶呢？

照摩尔根的研究，外婚与内婚并无何等对立的形成；所谓族外婚的"种族"（Tribu），实不存在。族外婚的真意义，为在群体婚姻还盛行的时代，一个种族随着母系分成为几个氏族（Gens），氏族之间严格禁止通婚，这个氏族的男子只能与别个氏族的女子结婚。然而一个种族包括几个氏族，即一个氏族的男子可与同种族的女子结婚。故在氏族为严格的族外结婚，而在种族则为严格的族内结婚。由这种证明，便把麦克林兰对偶的学说打得粉碎了。

但摩尔根并不以此自满，他更以美洲印第安人的氏族为自己开拓的领域而建立第二种决定的进步。他发明原始氏族的形式是按照母权组织的，这样原始的母权氏族为后来父权氏族——如上古希腊罗马各开化民族的氏族——之所从出。希腊罗马的氏族，直到 19 世纪下半叶，还为一切历史家莫可猜测之谜子，至此才为摩尔根所发见的"伊洛葛的氏族"所说明；原始历史，至此陡然获得新基础而开辟一新纪元。

原始母权氏族，为后来各开化民族父权氏族之前站的新发明，在原史学中异常重要。换过说，即原始历史的全体，以母权氏族为枢轴。自母权氏族发明，原史学家才知怎样研究怎样汇类。所以自《太古社会》出版后，原史学遂特别长足的进步。

注一：母权之名，摩尔根和恩格斯著书皆沿用之；然而这个名词，恩格斯指明是不正确的，因为原始社会还没有发生权利问题，并且没有法律的字义。

注二：氏族：拉丁文为 Gens，与 Clan 同义；摩尔根与恩格斯用以指明由种族滋乳之血族团体；在希腊叫做 Genas，罗马叫做 Gentes，亚利安叫做 Gan。Gens 这个字，在原始历史上异常重要，国家未产生以前，Gens 为人类社会组织之主要模型。这样的社会，原史学家又叫做图腾（Totem）社会，实际就是氏族社会。

第二章

家族发生之理由

　　家族和两性的组织，为一切民族发展之基础，然而此处有一种不同的意见存在。西宾兰斯（Espinas）在 1877 年出版之《动物社会》（*Des Sociétés Animales*）里面说道："据我们在各种动物中所观察，群（Penplade）——是最高的社会团体。群——好似是由各家族组成的，但在源头上说，家族与群是相敌对的，他们彼此为一种反比例的发展。"照西宾兰斯的意见，群与家族，在各种高等动物中，不是互相完成的，但是互相抵抗。西宾兰斯极力论证当春情发动时期，由雄性间的竞争，怎样将群的社会关系暂时弛缓或取消。所以他又说："自有紧密团结的家族，我们便看不见群之形成，除掉很稀少的例外。反之，乱交或一夫多妻制盛行，群便自然的成立。只有使家族关系弛缓至于几微，群体才得发生，个体才得恢复自由。所以有组织的群在鸟类中是很少的；反之，我们在哺乳动物中发见微有组织的社会，正是因为其个体不全为家族所吸收。所以群的集合意识常为其最大敌人——家族的集合意识所阻而不能发生。故吾人敢断言：建立在家族高层的社会，开始不过是将一些受了根本变化的家族编织而成，除开更迟一回在他的内部荫庇一些无限的顺利条件才能容许他重新构造。"

　　要在动物社会中别其谁为家族的集合或谁为群体的集合，本为极不容易之事；但西宾兰斯之所说，于动物社会至少有一部分是真理。动物社会在交尾时期，因为雄性的嫉妒，确有群体涣散或不能发展的事实。然而这样的事实，只足证明动物家族与人类的原始社会是两桩不可比拟的事：因为原始人类，在他们初超出动物的时代，还没有家族的意识；人类在此初形成的时代，不过是一些没有武器（如锐利之爪牙）而异常软弱的动物，他们的数目是很少的，个体是很孤立的；当着他们寻求一异性做配偶的时候，已经是他们社交心发达的最初形式。人们要使自己超出动物界而实践自然所提供的最大进步，便需要一种新要素来填补其孤立而无防御能力的缺憾，这样的新要素就是联合的势力和共同的行动之所从出的一群。而两性与家族的结合，实为群之起点。但是男性间相互的宽恕与嫉妒心之轻减，在动物时代进化到人类时代的过渡中，确为形成坚固而广大的人群之先决条件，没有这种先决条件是决不能完成这样的进化的。然则男性间的嫉妒，怎样得轻减呢？这个问题显然与家族的形式发生关系，以下各章当详述之。

生存竞争，一切生物都不能逃过这种原则。然上面已经说过，由动物时代初入人类时代的人们，不过是一些软弱无力的动物，他们既没有天赋的强有力的爪牙，又没有后来逐渐发明的各种工具；周围四境晦蒙否塞的自然界，无处不给他们以困难，环居邻处的毒蛇猛兽，无时不予他们以恐怖。然则他们怎样生存怎样竞争呢？惟一的方法，只有团结成群之一途。这种群的成立，最初自然是由于两性的结合；然亦可说最初还没有后起的家族之意识。群的本身——也可说家族的本身，就是一种生存的元素或经济的元素。具有这种元素之后，人们才能以群体去采取食品，和以群体与其他动物或其他群行其竞争；至于人们的个体，此时既不能单独竞争，也不能单独采取食品。

人类进步的大时代，是直接和食品来源的扩充相适应的。而家庭的团结，便是直接适应这种需要。由自然的逼迫，范围人们于这种经济生活的集团后，低弱程度的共同劳动与共产生活遂横贯有史以前的时代之全部；而其演进所呈之定律，则为：生产程度愈益低弱，则社会秩序愈益凝固于血族关系之下。

第三章

家族形式与亲族制度

由摩尔根发见的原始人类的家族形式为群体婚姻，即一群男子和一群女子互为所有，而使嫉妒心理不甚发生，因而人群之团结得以巩固。其后，群体婚姻发达到一定程度，又发生一种后起的例外形式——就是一妻多夫，这也是排除嫉妒的方法之一个。然而这种方法在其他各种动物是不知道的。比如各种哺乳动物的性的生活已经具有：乱交、群交、一雄多雌、一雄一雌之四种形式；而独缺少一妻多夫，好似一妻多夫只有人类才有。

但是在群体婚姻之上是否还有更古的性交生活呢？吾人试研究群体婚姻的各种形式，其演进的程度已属不低，而其伴随同来之各种条件实甚复杂。由此可知群体婚姻之前，必定还有更原始更简单的性交生活存在——这就是乱交时代。乱交的作用恰好适合于由动物时代到人类时代的过渡。

追溯过去家族历史的构成，自巴学风以下，大部分原史家都承认原始时代——尤其是野蛮时代的初期，各种族内部莫不盛行无限制的性交：即每个男子属于每个女子，每个女子属于每个男子。一切男子尽是多妻之夫，一切女子尽是多夫之妻，这就是真实而普遍的乱。不仅平辈男女实行普遍的性交，即亲子间亦实行普遍的性交。这样无限制的性交，在后人看来乃是一种很奇怪而不道德的乱伦婚姻。然而在原始时代是不奇怪的。两性人口的发展若不平均，没有这样的乱交是不可能的。

然而一般囿于现代道德观念的学究先生和原史学家，盛唱一种否认原始时代无限制性交的高调，他们不认此为人为的捏造，便认此为玷辱人类的尊严，他们以为只有劣等动物才有这样乱交的事实。其实现代的性的观念以一夫一妻为道德之极致；然而单是这一点并不足以证明人类高过其他动物。比如动物学家在鸟类中所发见的一夫一妻之忠实，实非现代名实不符的文明人所能比拟；又如槟榔叶上面的条虫，每一条具有五十至二百个体节，每个体节具有一副雌雄两性的完全机关，每个体节各自营其一夫一妻的性的生活，这样岂不更值得现代道德学家的赞叹？

人类发展的各历程，各有其自己的生产条件；因而每个时代亦各有其特殊的道德律。适合于一定时期的风俗为道德；质言之，道德乃是对准一个确定时期的社会需要。所以无限制的性交在后代人视为不道德，而在原始时代的人则适成其为道德。不仅原始时代兄弟姊妹是天然的夫妇，即至今日亲子间的性交尚盛行于许多野蛮民族中。潘克洛（Bancroft）证明北美洲中部加爹克人（Kadiaks）、天尼斯人（Tinehs）也是过这样性的生活；即厌恶无限制性交的黎笃诺（Letourneau）也在智璧威斯（Chippewys）的印第安人中，智利的古石人（Coucous）中，低印度的加朗人（Karens）中，汇集一些同类的事实。

摩尔根大部分的生活是在伊洛葛里经过的，他并加入其中之一族，这一族叫西尼加斯（Senekas）。他在伊洛葛中发现一种亲族制度，这种亲族制度与他所目见的伊洛葛人之实际的家族关系相矛盾。摩尔根在伊洛葛时，伊洛葛人正盛行一种彼此容易分离的一夫一妻制，摩尔根叫这种婚制为"对偶家族"。只有这样夫妇生出的子女，社会公认为合法。但是父、母、儿、女、兄、弟、姊、妹等名称之使用，显然与一夫一妻的家族相矛盾：伊洛葛的男人不仅呼自己的孩子为儿女，而且呼兄弟的孩子为儿女，兄弟的孩子都呼他为父；至于姊妹的孩子则呼他为舅，他呼姊妹的孩子为甥儿甥女。反之，伊洛葛的女人不仅呼她自己的孩子为儿女，而且呼姊妹的孩子为儿女，姊妹的孩子都呼她为母；至于她的兄弟的孩子则呼她为姑母，她呼兄弟的孩子为侄儿侄女。因而兄弟们的孩子和姊妹们的孩子显然分成为两个阶级：一面兄弟的孩子互相呼为兄弟姊妹；别面姊妹们的孩子互相呼为兄弟姊妹；而兄弟们的孩子与姊妹们的孩子之间则互相呼为表兄弟表姊妹。这不单纯是名称问题，这些名称里面包含血族亲疏与同等不同等的实际意义。伊洛葛人用这些名称建立一种充分完备的亲族制度之基础，由此每一个人可表现几百种不同的亲族关系。这样的亲族制度不独遍行于美洲各种印第安人之中，而且遍行于印度各种土人之中。南印度达米尔（Tamiles）族与伊洛葛、西尼加斯族，亲族间各种不同的称呼多至两百多种。在印度各民族也如在美洲印第安各民族一样，他们的亲族关系也显然与现行的家族形式相矛盾。

然则怎样说明这种矛盾呢？血族在一切野蛮民族和半开化民族的社会秩序中占主要的地位，要想费辞否认这些散布极广的亲族制度之重要，乃是不可能的。这样的亲族制度，据巴学风在原始各民族中的研究，摩尔根在美洲的研究，以及居诺甫（Cunove）在澳洲黑人中的研究，不仅普遍实行于一时一地，而且普遍实行于美洲、亚洲、非洲、澳洲及全地球各民族（其形式当然不无多少变更），全地球各民族的发展莫不以家族和两性的组织为基础。父、母、儿、女、兄、弟、姊、妹……不单是一些名称，并包含一些严格实践的相互间之确定的义务。这些名称就是各民族社会组织的总体中之一部分极主要的形式。这样亲族制度与伊洛葛及其他民族现行的家族形式有不相符合之处，至摩尔根才找得解释之理由。

据摩尔根的研究，海洋洲夏威夷群岛的土人，在19世纪上半纪，他们的家族形式恰好与伊洛葛的亲族制度相符合，父、母、兄、弟、姊、妹、儿、女、伯、舅、姑、婶、甥、侄……的实际都与伊洛葛的亲族制度为一致。但是很奇怪的：在夏威夷存在的亲族制度又不与夏威夷现行的家族形式相符合。换过说，按照夏威夷的亲族制度，兄弟和姊妹的儿童一律互呼为姊妹兄弟而视为共同的儿女，不仅他们的母亲与其姊妹辈或父亲与其兄弟辈的儿童没有区别，就是全族的兄弟姊妹的儿童也没有区别。由此看来，可知伊洛葛存留的亲族制度原来建立在一种比对偶家族更古的家庭形式之上，这样的家族形式在美洲已不存在了，而在夏威夷却还存在。别方面，夏威夷存留的亲族制度比伊洛葛存留的亲族制度还更古，他原来所根据之更原始的家族形式不仅在夏威夷不存在了，即在全世界也不存在。然而这样更原始的家族形式，在从前必然是存在的，因为没有这样更原始的家族形式存在决不能发生与之适应的亲族制度——即现在不适合夏威夷家族关系之实际的亲族制度。于是摩尔根对于家族与亲族制度下了一个定义：

> 家族（Famille）是能动的（积极的）要素，它决不是停滞不进的，社会由低的程度向高的程度发达，它也随着由低的形式到高的形式。反之，各种亲族制度（Les systèmes de parenté）是受动的（消极的），它们不过是在一长距离的时间记录一些由家族在多年的进程中所造出的进步。只有当着家族起了根本变化的时候，它们才起根本的变化。

摩尔根这个定义是很显明的。马克思又加着说道："亲族制度同各种政治、法律、宗教及哲学的体系是一样的。"家族营永续的生活，亲族制度即于其中脱胎而由习惯的势力以维持其存续，然家族总是超过亲族制度的范围而发展的。据摩尔根的研究，人类从无限制性交的原始时代出来之后，次第演进到下列四种家庭形式：

A. 血统家族（La famille consanguine）

B. 伙伴家族（La famille punaluenne）

C. 对偶家族（La famille syndiasmique）

D. 一夫一妻家族（La famille monogamique）

第四章

血统家族

无限制性交发展到恰当的时候，形成一种比较高等的性交形式，摩尔根叫做血统家族。血统家族之中，实行按照代辈而分配的群体配合：一切祖父与祖母辈，在家族界线以内，他们之间成为夫妻，这是第一个共同配合的阶级；祖父祖母的儿女，换过说，即一切父母辈，为第二个共同配合的阶级；父母的儿女辈——即第一阶级之孙辈，为共同配合之第三阶级；第一阶级之曾孙辈为共同配合之第四阶级。在这样的家族形式里面，与无限制的初期性交完全相反，大辈与小辈的性交是被排除的。换过说，父母与儿女，祖辈与孙辈之间不得有结婚的权利与义务；性交的范围限于兄弟姊妹、表兄弟表姊妹，或其他疏远的兄弟姊妹辈之间。他们一面互为兄弟姊妹，一面又互为共同的夫妇。年龄平等，为这个性交时代的主要理由。

血统家族虽早已绝迹，然而我们不能不承认它从前确曾存在。例如夏威夷名存实亡的亲族制度，从前即建立在这样的血统家族之上。我们不能不承认这样的血统家族一面为乱婚的进步，一面又为后来家族发展之必要的预备阶级。

第五章

伙伴家族

每个原始的家族——即血统家族——发达到几代之后，分裂为几个原始的共产家庭。这样的家庭一直统御到半开化时代的中期以前，它所散布的幅员很广大，并且限定于每个一定的地域。

血统家族何以凋谢呢？因为人们发生血统性交不适宜的经验与观念，于是旧家族之间起了一种有力的分裂作用，而形成一些新的共产家庭；而一个或几个姊妹成为一个新家庭的中心。用这类方法，由血统家族产出的新家族形式，摩尔根叫做伙伴家族。

按照夏威夷的习惯，一定数目的同母姊妹或疏远姊妹为她们的共同丈夫之共同的妇人，但是她们的兄弟不得为她们的丈夫。做了他们丈夫的男子们虽属兄弟，再也不得互呼为兄弟，只得互呼为碧兰侣（Punalua）。同样，在她们自己之间虽属姊妹，再也不得互呼为姊妹，也只得互呼为碧兰侣。碧兰侣的意义犹云伙伴（Canpagnan 或 Asocie）。这样的家族形式虽有些连续的变化，但其主要的特性总是：在确定的家庭范围以内，男女互相共有，起初排除妇女之同母兄弟，复次又排除她的一切疏远兄弟。所以伙伴家族的进步，不仅排斥亲子间的性交，而且排斥一切兄弟姊妹间的性交。这样的进步，比较年龄平等的理由更为重要，而且更为困难。所以这样的家族不是骤然完成的，乃是经过长期的天演，渐渐完成的：开始不过在某几种特殊情境中，按照母系，排斥同母异父的兄弟姊妹间的性交，其次渐渐成为规律，最后乃禁及旁系兄弟姊妹间的结婚。

在伙伴家族中，建立下列的亲族关系：母亲姊妹的儿女即为母亲的儿女，因为母亲姊妹的丈夫常为母亲的丈夫；父亲兄弟的儿女即父亲的儿女，因为父亲兄弟的妻子常为父亲的妻子；但母亲兄弟的儿女则为母亲的侄儿侄女，父亲姊妹的儿女则为父亲的甥儿甥女，而均为我之表兄弟表姊妹。兄弟姊妹间的性交为社会所不许，故将兄弟的儿女与姊妹的儿女划为两个阶级；从此兄弟的儿女与姊妹的儿女不得互为兄弟姊妹，不能有共同的两亲，他们只能互为表兄弟表姊妹。侄儿侄女表兄弟表姊妹等名称，在从前血统家族里面虽也使用，但是至此才合实际，才有意义，而成为必要。这样的亲族形式，19 世纪还存留于夏威夷；这样的亲族关系，19 世纪还存留于伊洛葛。

伙伴家族所以成立的主要原因，大约是因为血统婚姻生殖不繁，不足以应付生产上（畜牧及其他）人力的需要。所以摩尔根说，这是自然淘汰的原则具有何等作用之显明的图解。伙伴家族发展的结果，乃超出于它的目的以外而产出以后一切民族之社会基础的"氏族"组织。氏族发展的主要原因，大概由于婚制改良，人口增加，有分成众多小群以便谋生的需要。

在最大部分的情境，氏族的组织是直接由伙伴家族产出的；而氏族的基础总是建立在母权之上。无论在任何群体婚姻的家族形式中，儿女总不能确认其父而只能确认其母。所以共同家族的全体儿女，各个母亲皆呼之为儿女，对于他们有同样的母的义务，而没有自己的儿女与别人的儿女的区别。然则这是很显明的，群体婚姻既到处存在，后嗣只能确系于母，由此母权遂成为惟一公认的事实。母系不仅盛行于野蛮时代各民族中，而且一直统御到半开化时代的高期。

现在可于伙伴家族中举一个具体的形态来说明：在这样的家族中，有一列同母的姊妹们或疏远的姊妹们，同着她们的儿女以及她们母方的亲兄弟，这一个范围的个体，不久即属"氏族"的组成分子；他们全体有一个共同的主母，大约以姊妹们中之年长者为之。这样主母，在姊妹们的几代之后即为女性后嗣的始祖。但是姊妹们的丈夫决不是她们自己的兄弟，所以她们的兄弟决不能在这个家族中传后。并且她们兄弟的儿女不属于这个在后成为"氏族"的血统团体；只有姊妹们的儿女属于这个血族团体，因为惟有母系的后嗣是明确的。一切兄弟姊妹（包括旁系兄弟姊妹）间的性交，在这样的血族团体中严格禁止。这样的血族团体不久即变成为"氏族"，就是由一群相互间不得通婚的母系血族分子组成的。这样的团体渐渐由社会的宗教的各种共同制度而益巩固，遂与同一种族内其他"氏族"各自区别：每个氏族取一禽兽之名以为图腾（即标识之意），而规定蛇氏族只能与犬氏族通婚，或熊氏族只能与狼氏族通婚。由此群体婚姻成为非血统的氏族间的婚姻。这样婚姻的结果，产生极合天演的种族，体力精神皆比血族婚姻的产儿为优。

当摩尔根著书的时候，世人关于群体婚姻的知识极其有限，其时优秀的原史学家只知道些澳洲土人群体婚姻的事实，至1871年摩尔根才将他所具有的关于夏威夷伙伴家族的各种报告发表出来。一方面正在伊洛葛盛行的亲族制度完全足以说明伙伴家族，摩尔根即以此为他一切研究之起点；别方面，摩尔根又认定伙伴家族为母权氏族之起源；最后，摩尔根又以澳洲的阶级婚配显明伙伴家族为较高的发展阶段。

英国传教师费森（Lorimer Fison）在澳洲研究土人的家族形式多年，关于群体婚姻的报告是很丰富的。他在南澳洲的冈比爷（Gambier）山中发见澳洲黑人极低程度的婚姻配合。一个种族分成为两大阶级，一个叫克洛基（Krokis），一个叫居米德（Kumites）。每个阶级的内部严禁通婚；克洛基一切男子为居米德一切女子的丈夫，居米德一切女子为克洛基一切男子的妇人。这不是个体的婚配，而是两个阶级的群体婚配。除掉两个外婚阶级的区分以外，其中绝无年龄差异或特别血统的限制。一个克洛基的男子可以与一切居米德女子结婚；但是他与居米德妇人所生的女，在习惯上为克洛基一切男子的妻，也可说就是她的父亲的妻。然则按照这样的组织，对于本能的冲动虽业已加以限制而不许其在自己的族内传种，但是对于亲子间的性交则还未发见特别的嫌忌。所以这样的阶级婚配或者是由无限制的性交状态直接产生的；或者当两阶级分化时，亲子间的性交即已由风俗禁止，而现在的状态已回溯到血统家族而又做成超出血统家族之第一步，亦未可知。后者的推测大约较为近真，因为在澳洲土人中既未发见亲子间群体配合的例证，而于后起的外婚形式之外又发见建筑在母权之上的氏族。克洛基和居米德二族皆为母权所统御；并且已有母权氏族而尚无伙伴家族。此乃家族历史中极耐寻究之一问题；照摩尔根的推究，则以此种阶级婚配为发展程度低于伙伴家族之组织。

两阶级制不仅发见于南澳冈比爷，而且发见于大林河（Dar-ling）以东及坎斯兰（Guensland）的东北各地，可见这种制度是散布很广的。在这些地方，母方兄弟与姊妹之间，兄弟的儿女之间，及姊妹的儿女之间禁止结婚，因为这都是属于同一阶级；反之，兄弟的儿女与姊妹的儿女之间可以结婚，因为他们不是属于同一阶级。

在大林河沿岸及新加尔（Novelle-Galles）南部的加米拉洛（Kamilaroi）人中，又起了一种新进步，限制血族通婚；于是原来的两阶级分裂为四阶级。四阶级中的各个阶级只能与别个限定的阶级群体通婚。第一阶级和第二阶级的男女，彼此为生成的夫妇。但是母亲属于第一阶级或第二阶级，则其儿女属于第三阶级或第四阶级；第三阶级和第四阶级的儿女（他们之间又同样的结婚）又从新属于第一阶级和第二阶级。由此，第一第二阶级的后代和第三第四阶级的后代常常展转相属；因而母方兄弟与姊妹的儿女不能成为夫妇，要轮到兄弟与姊妹的孙儿女才得成为夫妇。这样特别复杂的制度（这确是后起的现象，若系从无限制性交产生的，决不会这样复杂），因为要与母权氏族接合，所以又增加一层错综。

澳洲的阶级婚姻，为群体婚姻中之很低级很原始的形态；然而伙伴家族之发展程度则比较高得多。澳洲的阶级婚姻似乎为适合于飘流无定的野蛮时代社会情况之家庭形式；而伙伴家族则已建立在相当确定的共产村落之上。在这两种形式之间，也许还可发见些居间的阶段；但在 19 世纪末年不过初辟一块这样研究的领域，并且现在还没有得到什么进步。

第六章

对偶家族

在伙伴家族之下，氏族愈发达，"兄弟"和"姊妹"阶级愈多，而两者的通婚愈不可能，由此渐渐发生对偶婚姻。因为氏族内部严禁血族通婚，而每个氏族的亲族关系又异常复杂广大，如伊洛葛及其他尚在半开化初期的印第安民族——他们的亲族关系有几百种之多，即被禁通婚的亲族有几百种之多。因为被禁通婚的范围如此复杂广大，所以群体婚姻遂渐渐成为不可能，而被对偶家族夺其地位。由此家族历史中遂辟一个体婚姻的新纪元。

原始家族历史的发展，范围是很狭隘的，原来包括全种族于家族范围内，全种族的两性间为共同的婚配；渐进始排除近亲间的性交；复次排除的范围及于远亲；最后则使群体婚姻归于不可能，而仅留一暂时的对偶关系。这样的关系是很脆弱的，彼此是容易分离的；分离之后，子女仍属于母，彼此可以从新结婚。

在以前的家族形式中，男性不忧女性之缺乏，女性间或多过于男性；到了初入对偶家族时代则不然，女性很为稀少而难寻。所以对偶婚姻实随女性的掠夺与买卖而开始。女性的掠夺与买卖乃是群体婚姻根本变化到个体婚姻的普遍表征。掠夺婚与买卖婚的遗迹，在现在一些开化民族的婚制中还可以发见。金银结婚为纯粹购买婚的遗传，而男家送给女家之婚礼更为购买婚之显著的遗迹。至掠夺婚在文明各国之遗迹则有所谓结婚旅行，故德人呼结婚旅行为掳掠，因为这是女子被男子掳去而离其父母之乡的显明表征。至于中国抢亲的习惯，现在还是存在。

照美洲印第安人的习惯，订婚不是男女两造的事情，总是委之于其母；在订婚期间，男女两造完全不知道，等到婚期接近的时候，母亲才使子女知悉；婚期将临，男方必送女方亲属以重礼，以为引渡新娘之价格。这样的婚姻，两造可以随意分离；然而多数印第安种族，例如伊洛葛，已渐渐公然严格的反对掠夺婚姻。当夫妇发生争议时，两造氏族的亲属出为仲裁，如果两造解约离婚，则儿女仍属于母，彼此可以自由从新结婚。

对偶家族的本身既很脆弱，又不坚固，所以对于单独的家庭生活仅止稍微尝试其需要与意愿，然而决不能取消以前的共产家族。因为共产家族不仅是一个婚制的变化可以取消的，要财产上起有根本的大变化才能取消。共产家族的意义，就是妇女在家庭中占主要地位（因为子女只能确认其母而不能确认其父），母性具有最高的崇敬。这样的观念，在 18 世纪的哲学家还视为荒谬。他们以为妇女在原始社会即为男子的奴隶。其实，妇女在野蛮时代和半开化时代的初期、中期，以及高期之一部分中，不仅站在极自由的地位，而且站在极重要的地位。即在对偶家族中，妇女的地位还极重要。据久居伊洛葛西尼加斯族中的传教师佛立特的报告："他们的家族还是同居于古昔的'长屋'之中，这种长屋就是他们的共产家庭。其中氏族制度还是盛行，妇女取别的氏族之男子以为夫。普通一般家庭以内完全为女性统治。供给物是共同的；但是共同供给物之配与，不幸可怜莫过于那些拙劣而怠惰的情人或丈夫！家中无论已有几多孩子或几多财产，丈夫无时不要打好他的包袱而准备滚蛋。如果妻要他滚蛋，他是不能抵抗的，须立即跑回他自己的氏族，再找别的妇女去结婚。妇女于氏族中具有绝大的权力，几乎到处是一样的。"

此处有一问题：群体婚姻在美洲是否已完全为对偶婚姻所驱逐？这须于美洲西北部和南部建立一些新研究，这些地方的土人还在野蛮时代的高期。但以北美而论，至少在四十个种族的旧习惯中，凡与一个氏族之长姊结婚的男子，又可以娶其全体妹妹为妻（当她们达到成年时）；所以一团姊妹共有几个男子的事还常发见。这都是群婚还未完全绝迹的明证。据潘克洛说：还在野蛮时代高期的北美加里佛尼岛人（Californie），他们于某几个节庆日举行大集会时，有好几个种族的男女从各处来会，目的就在乘此机会互相性交。这就是保留各种族间群体通婚的暂时纪念。同样的风俗，在澳洲也盛行：其中有几个种族，其酋长、觋祝和长老对于妇女有独占权；但是到了某几个节庆日举行大集会时，例须放任其独占之妇女去与少年人寻快乐，而复现原始的共同性交之缩影。威斯特马克（Westermarck）在印度好斯人（Hos）、山达尔人（Santals）、彭加人（Pand schas）和哥达尔人（Catars）及非洲某几个种族之间，汇集这类的风俗极为丰富，当各种大祭举行之日，即实行太古的自由性交。

　　由群体婚姻进化到对偶婚姻的过渡形式怎样呢？照巴学风的发明，即为妇女定期赎罪以购买专一的结婚权利。在赎罪期中，妇女为有限的卖淫，以为违犯上帝律令（即一切男子在这个妇女上面的传种权利）之处罚。如巴比伦妇女，每年须到蜜里达寺（Mylitta）卖淫一次以赎罪；此外，亚洲西部各种族，少年女子在结婚之前，必须送到亚兰帝司寺（Anaitis）住居几年，任她们在寺中自由选择一些情人去恋爱。同样的风俗，在地中海和干支河（Gange）之间的亚洲各民族也普遍的盛行，并变成为宗教的习惯。至于不带宗教色彩的诸民族，如古代塞拉斯人（Thraces）、克尔特人（Celtes）……现今印度土人、马来人、海洋洲人及多数美洲印第安人，他们的少年女子到了结婚时候，便享有极大的性的自由。

　　又有一些民族的习惯，未婚夫的亲属与朋友或结婚的宾客，在订婚后或结婚时，可以同他的未婚妻性交。这样的风俗，不仅古代非洲阿及尔人（Augiles）、巴列尔群岛人（Baleares）有之，现今地中海西岸巴勒人（Barèaś）和亚比西尼人（Abyssinie）还有盛行。此外更有其他民族，他们的酋长、法师或王，有享受本族一切未婚妻第一夜之权利。酋长、法师、王……就是一个尝试一切新婚初夜权（Jus primae noctis）的代表团。这种新婚初夜权，在北美亚拉斯加人（Alaska）和墨西哥北部达休人（Tahus）中，都是群体婚姻的残迹。即欧洲中世纪的封君，对于农人的妻女也还享有这种权利。

对偶家族的出现，恰好划分野蛮时代和半开化时代的界限。对偶家族的发生，通常总在野蛮时代的高期。间或也有发生于半开化初期的，不过为仅见而非通例。然对偶家族的发展，则几乎横过半开化时代的全部。因为自然淘汰的结果，卒至完全排除共同的群体婚姻，使婚姻团体降到最后的单位：以一男一女为配合要素而建立对偶家族。自对偶家族登台，人类社会又发生一种新动力而向新的社会秩序发展。

第七章

一夫一妻的家族

一夫一妻的家族，是从对偶家族发达到文明时代的新界线产生的。它是建立在女权颓废而男权确立的新基础上面；它是母系制度覆灭而父系制度勃兴的新产物。它的显明的目的是生育确认的父性儿童，以承继父系的财产。它与对偶家族的区别是婚姻关系极其坚固而不容易解散；并且只有男子可以决裂这种关系而抛弃女子，女子是很难与男子决裂的；就是贞操也只专责于女子，而男子则别有方法以保持从前自由性交的愉乐。

母系制度的覆灭和父系制度的勃兴，是生产方法进化所携来的一大社会革命，并且是人类历史上第一次的大革命。这个革命的结果，把从前妇女在氏族社会的主要地位完全推翻；从此以后，妇女完全隶属于男子而处于奴隶的地位——妇女在历史上要算是首先罹受奴隶地位的人类。

关于母系制的经济理由，居诺甫颇有所发明。照他的研究，女子不仅是原始时代家庭工业的创始者，并且是原始时代的农夫。家庭工业在原始物物交换时代占有重要位置。最初的分工是女子种植园蔬而男子饲养牲畜；在这分工基础之上，一切社会秩序随着排列。而自有两性的结合以来，婚姻并非为双方想得理想上的快乐而起之伦理关系；大部分乃是经济的和劳动的关系。妇女因为在生产地位上之重要，所以在氏族社会上也居重要的地位。这种重要地位，非生产上起有根本的变化是推不翻的。

是故两性的关系，是随着生产方法之变更而变更的。每个时代有每个时代的生产方法，即每个时代有每个时代的婚姻制度。所以群体婚姻为野蛮时代的特征；对偶婚姻为半开化时代的特征；而一夫一妻制为文明时代的特征。

在畜牧与铁器未发明以前，生产方法很不完全，一个氏族的劳力刚足以维持一个氏族的生活，氏族人员全体劳动所获的财产即由妇女分配于全氏族的人员共同消费，而无几多余剩以归于个人，在这样的时代，决不会发生奴隶，也决不会动摇妇女的地位。但是畜牧与铁器发明以后，生产方法异常进步，商业又随着城市而勃兴，扩张土地和劫掠异族的财富或劳力的战争也跟着发达，由此使直接参与生产交易或战争的男子地位逐渐增高，并使他们渐渐获得丰富的私有财产；结果，便把母系氏族的共产组织根本动摇起来。

就东半球而论，在半开化时代的初期，人类的劳力除维持消费外，还不能产生有价值的剩余物品。他们经常的财富还只限于衣食住以及粗糙的宝玩或调制食物的必要工具——如船、武器与极简单的家具。他们的食物是得日过日的，并不能先事贮蓄。但是畜牧发明以后，牛、马、骆驼、驴、骡、猪、羊等兽群日益繁殖；家族人口的增加，远不及牲畜增加之迅速。即家族内部渐渐发生劳力缺少的问题——一个氏族的人口，不够看管其日益繁殖的畜群。及到半开化时代的高期，加以铁器与农业的开发，劳力缺乏的问题愈增严重。由此遂于上列各种生产方法外，更产生一种新的生产方法——就是奴隶制的发明。

在从前野蛮时代，各种族间每因互争渔猎而发生战争，对于战俘的处置只有杀死之一法；现在则不然，男的屈伏为奴，女的配与族人为妻。掠夺婚姻与购买婚姻也就从此开始。随着各种助长男性经济地位的交易事业、战争事业逐渐发达，妇女的商品化也逐渐普遍。从前女性的配合是很容易的，现在则劳力渐觉稀贵，而女性亦渐具有相当的交换价值。加以男子经济力发达，不甘屈居女权之下的心理与欲望也逐渐增高，故开始从别的种族掠夺女俘为妻。这样的掠夺婚姻，自然惹起各种族间川常的战争状态。复次乃发见免除母系结婚制的束缚之另一方法，并且是和平的方法——这就是购买婚姻。用购买的方法，可以限制其妻与她的血族断绝关系，而纯粹成为夫之所有品，给夫育儿以继承其财产。

同时采用母系婚姻与买卖婚姻两种婚制以表示其过渡状态的种族，现还不少。如白尼罗河流域土人里面的婚制，妻只在一定期间承认夫的主权；结婚前，双方的族长例须会合以决定新妇的代价，代价是以一礼拜中承认夫之主权的日数为伸缩的；族长们大声叫喊的讲价与还价之后，结局决定新妇在一礼拜中守几日贞操，其余的日子则任新妇有自由行动之权。苏门答腊的土人也有两种结婚方法：一种是纯粹的母系结婚制；一种是夫把妻完全当作财产收买。如果夫能将妻的身价金全部交完，妻就绝对作夫的奴隶；如果大部分不能交纳的时候，夫就作妻家的奴隶而从事劳役。锅兰土人也有两种婚制：一种是妻在母家招赘或住于母家的附近，有继承母家遗产之权；一种是妻嫁于夫家，丧失在母家一切的权利。在米崖亚高原的土人，一般的婚姻习惯，总是男子移居于妻家；但如男子交完了身价金的时候，即能娶妻回到自己家里去。在赞贝希地方的土人，父可以用家畜和母交换子女；但如没有家畜来交换，则子女仍属于母。在非洲巴维亚种族里面，母有典当子女的权利，但事前须得与父商量。在爱福利海岸的土人亦然，母可典当子女，但父亦有赎回的权利。这些都不是稀奇的风俗，乃是全球各民族由母权演进到父权之必经的阶段。

由以上所述种种过渡形式看来，可知妇女发生身价问题并不是妇女的幸事，但是女权衰微的表征。女子因为这样，才成为男子的所有品，与其他商品没有区别，同时又可知道男子对于妻和子女的主权，完全是由卖买这一点确立的。所以男性的胜利，决不是体力和智慧优越的结果，不过是经济优越的结果罢了。

由母系制演进到父系制，由氏族的共同财产演进到个人的私有财产，都不是骤然突变的，乃是经历长远的年月徐徐进行的。自畜牧发明，新的财富陡增；但这种新财富属于谁呢？原来属于氏族，是不用说的；但畜群发达到恰当的时候，便渐渐成为特别的财产，换过说，即共产家族的族长在这种财产上面渐有特别的权利。按照这样特别的权利，一个氏族的畜群渐渐视成为族长的财产；惟族长有承继氏族财产的资格，因而族长的地位也渐渐变成为世袭的。然而这不过是向个人财产演进之最初阶段，并非个人财产即已确立。

妇女在氏族社会所居地位之重要，其原因不外下列三种：一是妇女在幼稚的生产事业上占有相当地位；二是群婚结果，父性难明；三是母系氏族制和相续制，妇女娶夫于别个氏族，男性们——丈夫、儿及其兄弟皆居于从属地位，而她们居于主人地位。但对偶家族发生，父性即已分明；及各种新财富不停的增加，于是遂逐渐动摇母权氏族的社会基础。由此男女分工，显然开始：妇女保守家庭，男子供给食物与一切必要的劳动工具。等到新的劳动工具——奴隶——发生，男子遂成为一切食物、牲畜、劳动工具与奴隶的财主；更迟，他们即以其财产势力建立性质全然不同之家族。于是由母权氏族发生父权氏族，而真正的母的地位乃代以真正的父的地位。至此对偶婚姻亦长辞人世，而硬性的一夫一妻制遂以确立。

但是当男子的经济势力还没有发展到显然与旧的共产家族抵触的时候，当母权的习惯势力还可支持的时候，父性确认的儿子并不能承认其父的遗产；因为按照原始遗产的习惯：死者的财产，开始是归于氏族的全体人员；其后也只能归于死者的近亲；近亲仍属氏族的人员，即遗产仍归于氏族。并且遗产归于近亲，乃是归于母系血统的近亲，而不归于死者的儿童；因为死者的儿童不属于死者的氏族。所以儿童们只能承继母的血族及母的自身的遗产，而不能承继其不同氏族的父的财产，即财产还是属于氏族。死者的财产既不能传于其儿童，然则传给谁呢？不用说传于其兄弟与姊妹以及姊妹的儿女，或死者的母亲的姊妹们的后裔；至于他自己的儿童是不能承继其财产的。

财产继续增加，一方面使男子在家族中的地位重要于妇女，别方面又使男子发生推翻母系社会制度而传其财产于自己的儿子的思想。但是这个不是母权系统还在实行可以做得到的；这个须废除母权才能实现。结果，卒把母权废除了。然而废除母权决不是一桩容易的事，如今日我们所想象的一样；因为这乃是一个人类从来没有的极可惊骇的大革命。

　　然而这个大革命，却不伤害氏族人员之一丁一口，氏族人员的全体仍然可以如从前一样的在氏族里面；他只须简单的决定："将来只有男性的后嗣在氏族里面，而女性的后嗣则嫁出于氏族之外。"这样决定的意义，就是把母的地位移于父的地位，把母权氏族变成为父权氏族。由是母系与女性相续权废除，而父系与男性的相续权确立。

　　这种革命在各开化民族中是何时完成的或怎样完成的，我们不能详知；但总可以断言是在有史以前的时代完成的。据巴学风及其他原史学家搜集的各种证据，以及现还存在于各半开化民族中的母权遗迹看来，确经完成这样一种革命是毫无疑义的。在美洲各种印第安人中，现还正在进行这种革命，其原因有二：一是财富增加和生活变动（由森林移居牧场）的影响；一是欧洲文明和基督教侵入的影响。在北美米索利（Missouri）的八个种族中，已有六个种族确立了父系和男性相续制；其余两个种族则还实行母系和女性相续制。在夏尼人（Shannies）、马米人（Miomies）和狄拉瓦人（Delawares）——皆印第安人——采用的习惯，通常总是给儿童以属于父的氏族的名称，俾儿童能承继其父的财产。

　　注：男子体力与智慧的优越并不是原来生理的天赋，但是几千年中所处社会的和经济的地位之结果。男子因为所处地位优越于女子，并且又隶属女子为其家庭之奴隶，故极自由极完全的发展其本能。白洛嘉（Broca，法国著名外科医家，1824—1880）与格拉鸠列（Cratiolet，法国生理学家，关于脑部研究极著名，1815—1865）辩论脑部重量与容积的关系之后，也公然承认妇女智慧的低下完全由于教育卑浅的缘故。这种真理，经马诺佛勒（Manouvrier，白洛嘉的学生，巴黎人类学院的教授）的测验更加证明。马诺佛勒测验的结果：近世巴黎男子脑盖的平均

容积与石器时代男子脑盖的平均容积差不多是一样的重，而近世巴黎女子脑盖的平均容积则比石器时代女子脑盖的平均容积轻得多。其测验表如下：

近世巴黎人脑盖平均容量表

件数		容积
77 男性	……………	1.560（百分之一立方米突）
41 女性	……………	1.338

石器时代的脑盖平均容量表

58 男性	……………	1.544（百分之一立方米突）
30 女性	……………	1.422

由上表看来：野蛮男子脑盖平均的容积比较文明男子的低一六百分之一立方米突；而野蛮女子的平均容积反比文明女子高八四百分之一立方米突。

第八章

宗法家族

母权的推翻，是女性在历史上一个大失败。男子既在家庭中取得统治权，妇女即成为单纯的生育机械与供男子使用之奴隶。男性的专制权初建立的时候，我们可于上古各开化民族中发见一种中间的形式——即宗法的家族。这种家族就是在这个时候发生的。

宗法家族是个一定数目的自由人与非自由人的组织；全组织在家长式的父权统治之下。如闪密的族的家族形式，家长还是过多妻生活；妻妾儿女皆为其奴隶；全组织的目的，在于一定的地方看守其畜群。

父权与奴隶的组合，是宗法家族的主旨。罗马的家族，也就是这一类家族的完成模型。所以家族（Familia）的字义，原来即是属于一个男子的全体奴隶之总称；而家人（Familus）一字，即等于呼唤"家庭奴隶"。Familia 与 Familus 即为罗马文阐明新社会组织的表辞；故在语原上，并没有如后世感情主义之含义。在这样的社会组织里面，家长之下有妻妾儿女与一定数目的奴隶，家长对于以上所有的人操有生杀的权柄。这样的宗法家族，显然是由对偶家族到一夫一妻制的过渡形式。为的要确定妇女的贞操以确定儿童的父性，妇女遂完全无保留的交出一切权力于男子。即使男子杀她，也是男子应行使的权利。

　　宗法家族，已经是入了有史时代的领域；实际上也是家族演进的一个大进步。在上古闪密的族和亚利安族各开化民族中，皆经过这样家族形式的阶段。现在在东欧以及亚洲各处，还是多少存在。

　　在塞尔维亚和保加利亚存留一种介乎共产家族与近世一夫一妻制之间的过渡程序：在南斯拉夫人民中，共同的大家庭（Zadruga）还是存在；这种大家庭里面包括同一父亲的几代后裔；他们共同住在一栋大房屋，共同耕作土地并且共同消费；生产品的剩余，亦为共同所有。共同家庭的男主人，对内握有全家的管理权，对外有规定一切生产品之价格的权利责任。这样的家主是选举的，并且不须年老者。全家妇女在家主的指挥下工作，女家主通常就是男家主的妻。妇女们皆有选举权，女婿的选择，例由她们作主。但全家的最高权是属于全家壮年男女的会议；男家长作过各种报告后，由会议解决各种问题，决定较为重要的财产的买卖——特别是土地；家人犯了罪过亦由会议审判。

　　这一类的共同家庭，在集产村落盛行的俄罗斯还属产生不久。至于中国宗法的大家庭，亦常以"九世同居"或"五代同堂"为美谈。几代同居的老房屋，在各处还存留不少。这种宗法的大家庭，简直统御中国有史以来的家族生活，不过至最近几十年，受着国际资本帝国主义的压迫和影响，农业经济和家庭经济根本崩溃，这类大家庭才迅速的崩溃起来。不然，虽世世代代有敢于变法之商鞅，也不能完全剿灭这类大家庭的存在，因为它完全是建筑在农业的经济基础上面。

　　然而文明初启，一夫一妻制即随之而俱来，何以不能立刻实现如近世一夫一妻之简单的小家庭，而必须长期经过那样复杂的宗法大家庭呢？这没有别的解释：只是因为近世的生产单位已由大家庭移于大工厂，故专为传种与享乐的小家庭才能成立；在文明初启以至大工业未发明以前的时代则不然，畜牧与农业正要求有此复杂庞大的宗法家族之存在，因为几百几千头牲畜和几千几万顷田亩，决不是一夫一妻的小家庭可以经营的。

　　所以，无论在何种宗法的大家族中，必定具有一种共通的主要条件，即必定具有一项共同的土地。宗法家族在一切开化民族中尽了一种伟大的作用。为引导母权家族到一夫一妻的小家庭之摆渡。并且其所占的时间是很长的，简直横亘奴隶经济制和隶属经济制之两个整个的时代。由此，我们可知宗法家族是同奴隶制度而俱来的。

第九章

三大时代之三大婚制

　　麦克林兰以为人类婚姻只有一夫多妻、一妻多夫和一夫一妻的三种形式；其实一夫多妻和一妻多夫不过为两种例外的形式，也可说是家族历史中的奢侈品，并不成其为普遍的婚姻制度。男女人口的比例，总要在约略平等的状况之下，才有成为普遍的婚姻之可能，所以多妻与多夫决不能成为普遍的婚制。

　　我们从历史的事实研究，一夫多妻显然是从前奴隶制度中产生的，并且限于某几种特殊的情境。例如在闪密的族的宗法家族中，家长自身及其长子或至多某几个儿子可以过多妻生活，而其余的人则只能过一妻生活。这样的事情，在东方尤然。例如中国，蓄妾与多妻，不过是富人的特权，"小老婆"大都是由金钱购买来的；至于一般民众，大概总是过一夫一妻的生活。广东地方的风俗，凡稍为富裕之人，即须蓄妾三四，以点缀门面；若在稠人广众之中，问及某富人只有一妻，则被问者及坐众，无形中皆觉不甚"体面"。这尤足以证明多妻为富人之奢侈品。

　　在印度与西藏的一妻多夫，也同样的为一种例外，原来不过是群体婚姻的遗迹。在印度的兰夷斯人（Naies）通常总是三个或三四个以上的男子共一妻；但其中的每一个男子又可与别几个男子再共第二个、第三个、第四个……所以这样婚姻的实际，不过是群体婚

038

姻的特殊形式，女子固然是过多夫生活，同时男子也是过多妻生活。

一夫多妻与一妻多夫存在的条件完全相反：一夫多妻存在的地方是生活富裕的人家，一妻多夫存在的地方是生活艰难的人家；一夫多妻存在的地方妇女数目是很多的，一妻多夫存在的地方妇女数目是很少的；一夫多妻，在东方温带地方（如中国）或热带地方现还盛行，而一妻多夫则盛行于寒带各高原或冰带地方如西藏各高原、南印度的兰夷斯，以及爱斯基马（Esgnimaux，在白令海峡之间）等处。

一妻多夫所产生的儿女，只有从母系属为可能。她的丈夫们通常都是兄弟：当大哥同一个女子结了婚，则其余各弟弟都成为这个女子的丈夫。然而女子有更以别人为夫的权利；男子也可有几个妻。

上面已经说过，实行一妻多夫的各民族类皆住于寒带各高原和冰带地方。据《性之病征》的著作者达诺甫斯基（Tarnovsky, *Les Manifestation Maladives du Sens Sexuel*）说：有个久住于寒带各高原的旅客告诉他，住在这些地方的人们性欲自然的减低：达诺甫斯基以为性欲减低足以说明这些地方人口繁殖率的衰弱。因为人口繁殖率之衰弱，所以不得不勉强妇女过多夫生活。妇女罹受多夫的影响，体力自然更要衰弱。爱斯基马的女子，普通一般要到十九岁才有月经；然而热带地方的女子九岁十岁即有月经，温带地方的女子十四岁或十六岁即有月经。所以热带地方性欲增强，而多妻制盛为流行。

热带地方生活甚易；而寒带各高原或冰带地方，生活极其艰难。一妻多夫制完全是适应这种生活艰难的情境产生的。这很足以表明生产方法及于两性关系的影响之强大。因为生活艰难，所以又发生杀死女孩的恶习；因而男女人口永远不均，即一妻多夫制永续不绝。

由以上一切的陈述，我们可得适合人类进化的三大主要时代之三种主要的婚姻形式。而一夫多妻与一妻多夫不过为两种例外的存在：即野蛮时代为群体婚姻；半开化时代为对偶婚姻；文明时代为一夫一妻。三大时代各自有其特别的生产方法，所以三大时代亦各自有其特别的婚姻制度。野蛮时代食物生产停滞于极原始的状态

（渔猎），男女在极闭塞的环境中做同样极简单的工作，以满足其极质朴的生活，所以两性生活也同样停滞于极原始的极简单的情形之中（群体婚姻）；半开化时代畜牧与耕地逐渐发达，人口亦比例的增加，有分开以便利用新牧场和新耕地之必要，由此两性生活遂演进到一种不固定的个体组织（对偶婚姻）；及到文明时代开始，男子逐渐成为手工业的工人，商品的所有者，或战掳品的暴富者，以至蔚为一切牲畜奴隶军器工具的主人，在这样新的经济条件之下，遂形成一种新的家庭组织（一夫一妻）和人类前此未曾见过的大革命，将前此在氏族社会处主要地位的女子完全隶属于男子之下。此处要接着说明的还有两点：其一，母权被推翻时妇女采取怎样态度？其二，文明时代一夫一妻的实质究竟怎样？

第十章

母权与父权之争斗

　　母系的意义建立在原始共产制之上，在共产家族里面，人人是平等的；父系的意义建立在私有财产上面，妇女处于附属地位，并被压迫。这样的大变化，在各开化民族里面不是同一时代完成的，并且完成的方法也是随地不同的。

　　据恩格斯的意见，这样的大变化大概是由和平方法完成的：只须各种新的权力条件（即经济条件）已经存在，便很可简单的决定将来只容男性的后嗣留于氏族里面，而女性的后嗣则嫁出于氏族之外。这样，便和和平平变成了父系的氏族。

　　巴学风的意见完全相反，他从一些古书中研究的结果，证明妇女对于这样的社会变化曾经做过严厉的争斗和反抗。例如有一部古小说，描写希腊英雄时代住在小亚细亚德马敦流域（Thermoson）的一群女英雄，他们的全体叫做亚麻藏（Amazones），他们就是反抗希腊各大英雄而与之血战的健将。其中一个叫安丢白（Antiope），希腊著名英雄提西欧（Thesel）被她战败于德马敦桥上；一个叫潘提西来（Penthesilea），她援救被希腊英雄亚格棉农（Agamemnon）和亚基利（Achille）等侵掠的特罗雅人（Troyens）与亚基利苦战而被杀……（相传特罗雅太子入谒斯巴达王，悦王后美，掠后以逃，希腊诸勇士亚基利等出师征之，王兄亚格棉农时为密森尼（Mycene）

王，骁勇善战，众推为帅，凡此皆为妇女反抗新社会组织的证据。

据巴学风的研究，雅典母系被父系推翻的时候，也经过一些极强烈的反抗，这种进化简直是一出惨剧。于是巴学风从希腊神话中寻出下列故事以为母权与父权争斗的例证：

> 亚格棉农——他是密森尼的王。
>
> 克里太尼斯脱（Clytemnestre）——她是亚格棉农的妻。
>
> 阿勒斯特（Orestes）——他是亚格棉农与克里太尼斯脱的儿子。
>
> 伊碧奇尼（Iphigenie）——她是亚格棉农与克里太尼斯脱的女。
>
> 亚格棉农征服特罗雅时，大肆焚掠；归途大遇逆风，舟师不能回，乃杀其女伊碧奇尼祷祭女神，以平女神之怒。克里太尼斯脱闻耗大怒，因为按照母权的习惯，女不属于亚而属于克；乃另与爱奇笃（Egythus）结婚；并且这也是从前法律所允许的事情。亚格棉农自特罗雅回到密森尼，克里太尼斯脱与爱奇笃合力弑之。其子阿勒斯特在袒护父权的少年男神亚波龙（Apollon）的命令之下，替父报仇，乃并杀其母与母的新夫爱奇笃。
>
> 于是一些代表母权的女神爱林尼们（Erinnyes）起来追究阿勒斯特杀母的罪恶（按照母权的旧习惯，母是神圣不可侵犯的，杀母是最大而不可赦免的罪恶；如果族外人杀了族内一个母族，全族男子须起来复仇，由复仇行为引起戕杀是全族男子应尽的义务）；而代表父权的少年男神亚波龙则起来为阿勒斯特辩护。
>
> 此时少年女神雅典娜（Athena）被请为裁判官；可是她也是袒护父权的。相传亚波龙和雅典娜是没有母的，他们是从希腊名神序时（Zeus）头上的武器出来的。
>
> 现在且看两造的对辩：
>
> 爱林尼们——男神叫你杀你的母吗？
>
> 阿勒斯特——现在我不答复这个。
>
> 爱林尼们——要办你的罪呵，你尚有何说？
>
> 阿勒斯特——我很希望。我父将在墓中帮助我。
>
> 爱林尼们——怎样呢？说给你的判者听罢。
>
> 阿勒斯特——她是杀了她的丈夫，又是杀了我的父。
>
> 爱林尼们——你活而她死，她已偿了这罪恶。
>
> 阿勒斯特——但是，假使她生存，你们会追究她吗？

爱林尼们——她所杀的男子和她没有血的关系。

阿勒斯特——我呢？我有我母的血吗？

爱林尼们——哼！你是她怀孕的，你杀了你的生母呵！你还否认你和你母的血脉关系吗？

爱林尼们既不承认夫权，也不承认父权；她们所拥护的只是母权。她们以为克里太尼斯脱杀了她的夫不算什么重要。因为夫是外人，没有血的关系。她们要求严办凶犯阿勒斯特，因为照旧社会的习惯，杀母是莫可赦免的最大罪恶。但是代表父权的亚波龙，他的意见完全相反。亚波龙是承序时的命，教阿勒斯特杀母以复父仇的，所以起来为凶犯辩护。

亚波龙——现在我要说几句话；我的话颇多呢。生他的并不是母，不过人们叫他为母的儿子。母不过是种子的食物供给地，然则生他育他的也就是这食物的供给地。母亲接受这种子而保育之，才能求悦于上帝。我的话是有证据的，人们无须母也可以出世。例如序时的女即可给我做证据。她绝没有在黑暗的子宫里面被养育过，因为没有那个女神能产生这样的孩子。

爱林尼们——少年神，你侮辱你的老女神们！

亚波龙这片强词夺理的蛮话，给父系立了一个理论的基础。孩子可以从父亲的头上生出而无须乎母，自然只有父权独尊了。但这与从前的观念是两样。照从前的观念，孩子的生命与血都是母亲给的，所以孩子皆为母亲所有，而父不过是个外人。故爱林尼们说这位少年男神侮辱了老女神。

双方争讼不决，是后乃用投票方法来解决。但投票的结果，双方票数相等；于是雅典娜以主席的资格和袒护父权的态度，宣告判决：

判官雅典娜——现在我宣告判决。我给一票与阿勒斯特。我不是母亲生的。无论如何，我是完全赞助男性的，不仅在结婚以前。的确，我是拥护父亲的。并且杀了丈夫的妇人没有什么重要，因为丈夫是家长。既然两方票数相等，所以阿勒斯特是胜利者。

爱林尼们是代表临终的旧社会秩序的；亚波龙和雅典娜是代表方兴的新社会秩序的。这出喜剧的结果是：新权力完全胜利；而旧权力完全失败。

巴学风的母权里面，又载了一个神话，很能表现上古希腊女子地位的变迁：

> 在基克罗普（Kekrops）时代，发生两种奇迹：橄榄树和水，同时在地上涌出来了。
>
> 国王惊骇，遣人请示于德尔非斯神（Delphes）。
>
> 神的答复是：橄榄树是指女神美丽佛（Minerve），水是指男神尼普东（Neptune），在这二神中无论取那一个的名称去名这个城市，这是市民的随意。
>
> 于是基克罗普召集人民会议来解决这问题；男女都有投票权。
>
> 男子投票赞成尼普东，女子投票赞成美丽佛；因为女子比男子多一票，所以美丽佛得了胜利。
>
> 尼普东大怒之下，马上将雅典全土涌入洪水之中。
>
> 雅典人要挽回男神的愤怒，乃对于妇女处罚三条：
>
> （一）剥夺她们的选举权。
>
> （二）以后儿女不取母的姓名。
>
> （三）妇女自身丧失雅典人的名称。

希腊妇女的地位，从神话时代英雄时代随时下降；然母权时代的风俗，在精神界还统御了几世纪。女神的地位，在一般民众的观念中，还极其崇敬。由母权时代规定的许多女神的节期，在宗教的习惯上，还是当做重典举行。更迟一回，希腊妇女专门崇奉女神德茂特（Demeter），每年举行盛大的祭典，一个男子也不能参加。同样的事情，后来又在罗马产生，罗马妇女崇奉女神格来斯（Ceres），后即成为普遍崇奉之五谷神。德茂特和格来斯的节期，为希腊和罗马宗教习惯中之最大盛典。

第十一章

一夫一妻之实质

英雄时代，希腊的妇女与后代比较起来虽然还是自由的，还是被尊敬的，但是不过因为她是合法儿子的母亲。实际上，因为男子地位的优胜和奴隶间的竞争，希腊妇女在英雄时代即已急转直下的卑贱起来了。在荷马（Homère）诗中，许多俘获的少年妇女常常是任战胜者随意处置：最高首领选去其最美丽者外，其余的则任各将领在天幕里面或他们的床上分配起来。一夫一妻的旁边有奴隶存在，一些俘来的少年美女，她们的肉体与灵魂皆属于一个男子，而竞相媚事于其左右。一夫一妻的特性原来就是这样组成的：只有妇女过一夫的生活；而男子在实际上则无所谓一妻。这样的特性，直到今日还是如此。

然在同一时代，多利安人（Doriens）与伊欧尼人（Ioniens）的情形完全不同。前者以斯巴达为模型，后者以雅典为模型。雅典妇女通常总是囚禁于隔离的深闺之中，这些深闺通常总是设立在最高一层楼或最后一层楼上，使男子们——尤其是外客——不容易与她们接近；男客来家，她们须立刻躲避。少年女子的教育只限于缝纫纺织，至多不过念书习字。妇女没有奴隶同伴不准外出；这些奴婢，是常常紧伴她们身边监视她们的（在中国皇宫里，则有无数阉官太监给皇帝监视几千几百的妃子）。西洋妇人至今犹喜随带猎犬，据希腊最著名的文学家亚利士多芬（Aristophane）说，此即雅典人用以监视其妻及恫骇向其妻献媚之情人。然则犬在西洋文明民族的家族历史中，实尽了一种女监的作用！至于遮盖妇人颜色的头巾面网，尤其余事。雅典妇女除了看家育儿管理奴隶之外，业已不得参与社会一切公众事务。妇女要守严格的贞操，而男子可以放肆的嫖荡。称为赫特列（Hétaïrisme）的卖春妇公然成为社交的中心。雅典盛时，妓院也随着发达，并且由国家保护。妓馆在法律和强权的保护之下，犹之希腊罗马的神殿，中世纪的礼拜堂，其尊严乃是神圣不可侵犯的。始创妓院制的梭伦（Solon），极受时人的赞许：称为维持城市安宁与风化的聪慧组织；没有这种新组织，则许多少年男子将因烦闷之围攻而乱上流阶级的妇女。

在一方面看来，从前的性交自由，是随着群体婚姻的消灭而消灭；但在别方面，随着文明和一夫一妻制的开始，性交自由又复活于"赫特列"的新形式之中。卖淫与自由性交不同的，就是妇女为物质的利益而卖其肉体于一个男子或多数男子；因满足男子购买妇女的要求，遂渐渐形成为公开的卖淫制度。卖淫制度，实为妇女商品化之极点。

在群体婚姻开始崩坏的时候，定期卖淫不过为妇女暂时牺牲其人格以为买得单一结婚权利的代价；而金钱的卖淫，开始亦不过为宗教的行为：原来定期卖淫是要到女神庙中去实行的，神殿祭坛之下设有钱柜，凡来求爱的人们必先置钱于柜以礼神，这就是金钱卖淫的渊源。如亚尔梅尼（Arménie）最著名的亚芝帝司寺和希腊最著名的亚佛罗德寺（Aphrodite）都是"赫特列"的实行场所。而印度各大神宫中的舞妓，印度人叫做白野德勒（Bayadères）也是原来卖淫妇的遗影。神庙卖淫，原来是一切妇女的义务；后来遂专由女巫去执行，以代替其余的一切妇女。

这样的神庙卖淫，可说是由群体婚姻直接派生的。到了文明初启，随着财产的差异，奴隶的强迫劳动之旁也发生了自由妇女的卖淫，这都是必然的相互关联。群体婚姻给文明以两重的遗产，恰好如文明所产生的两重矛盾的面儿一样：正面为一夫一妻，反面为卖淫。而卖淫的极端形式就是公开的妓院。自梭伦以后，卖淫成为一种社会制度，也如其他一切社会制度一样，不仅订于法律，而且列入税收（如中国有所谓花捐）。

公开卖淫制是维持从前的性交自由的，是便利于男子们的，尤其是便利于特权阶级的男子和富人。开始不过强迫或雇买一些奴隶女子与下流阶级的女子为之；后来许多不愿意过囚禁式的一夫一妻生活的良家女子也纷纷逃婚，登籍卖淫。她们的理由是不结婚而做卖淫妇反能得较大的自由。而尤其以没有习惯雅典风俗，不堪骤受严格束缚的外来殖民地女子投入花籍的为多。妓女们与良家妇女大不相同，她们因为与社会自由接触的结果，见闻自然广博，其中多少有点学识的，多半为了希腊第一流政治家学者和艺术家的朋友。许多卖淫妇的名字与声誉，因为与希腊名人有密切关系而显著，而希腊名人亦无一不与名妓通殷勤。如亚斯巴西（Aspasie），她是民党首领陪利克列斯（Péricles）的朋友，不久又和他结了婚；弗丽娜（Phryne），她与演说家伊白立德（Hyphrides）及雕刻家普拉西特（Praxitèle）有密切的关系；达兰亚（Danaé），她是快乐主义哲学家伊璧鸠鲁（Epicure）的先生；亚尔克那沙（Archeanassa），也是柏拉图倾倒的女友。此外，大演说家德谟斯登（Démosthène），更公然宣言："我们有妓女以恣淫乐，有姬妾以供服侍，有正妻以生合法儿子而理家政。"

夫的方面既以嫖妓为性的生活之补足，妻的方面便要发现寡居的怨憾。于是一夫一妻制的本身又发生第二种抵触，仿佛是妇女们用以报复其丈夫的。这种抵触是什么？就是私通。

夫的方面有娼妓，妻的方面有情人；妓女与奸夫，成为一夫一妻的补足品。这就是文明初启以来一夫一妻制存在的真相。私通在宗教风俗道德和法律上虽然严格的被禁止，可是她毕竟能够与嫖妓对抗，同样的成为不可反抗的社会制度；不过卖淫是公开的社会制度，私通为秘密的社会制度罢了。所以儿子的父性之不确定，一夫一妻制仍然和从前的群体婚姻差不多。这是文明民族的家族生活莫能解决的矛盾。

斯巴达与雅典完全不同。从荷马描写的诗篇中看来，斯巴达的婚姻情形还是很原始的。对偶婚姻在斯巴达还存在，不过随着国家地方的观念略有变更，并且还很像是群体婚姻的回照：

纪元前 650 年，亚兰山德里大斯王（Anaxandridas）因为他的妻不生育，又娶了第二个妻，并且立了两个家庭；同一时代，亚里斯登王（Ariston）有两个无子的妻，他又娶第三个，并与前两个中之一个离了婚。别方面，也有几个兄弟共一妻的，朋友之间也可以共妻。据希腊历史家普鲁达克（Prutargue）说，斯巴达妇女，只要情人遵守她的条件，她便可谢绝她的丈夫。

这样看来，斯巴达妇女还是很自由的。因此之故，背着丈夫做那不忠实的私通的事体，在斯巴达妇女是绝没有的，至少在最早的时候，斯巴达人还不知道役使家庭奴隶。农奴阶级的希洛芝人（Helots），不过赖主人的田地过生活；斯巴达人很少与希洛芝妇女为往来。斯巴达的青年男女，在春情发动以前，皆裸体受共同的教育，所以女子的体格得与男子为同样的发育。凡此种种，皆足证明斯巴达妇女的地位与雅典妇女的地位完全不同。

由上所述看来，可知一夫一妻制完全不是建立在自然条件上面，不过建立在社会条件上面——特别因为个人财产制胜了原始的自然的共产制。男子既然这样在家庭中占了优势，"育儿承产"便在希腊人口中公然宣布为一夫一妻的惟一目的；而结婚亦成为对于上帝国家和祖宗之必须履行的义务。一夫一妻制，在历史里面，决不见得为男女两性之调和；反而男性隶属女性，发生前此未有的两性冲突。男女间育儿的分工，为人类第一种分工；而一夫一妻制里面男女两性间的抵抗，也是随着历史而俱发达的第一种阶级抵抗。一夫一妻制固然是历史上一个大进步，但同时它在奴隶制与私有财产制之旁，开始了一个维持到我们今日的时代——即文明时代；在这个大时代中，每一个进步同时必有一个相当的退步为伴侣，而一部分或一阶级的幸福，即以别部分或别阶级的痛苦和压迫为代价。

家族历史发达到近世大工业时代，一夫一妻的小家庭既不是经济的单位，复不是政治的要素：极少数资产阶级的家庭，赤条条的是金钱联缀起来的性交和娱乐的一种场所（但此外还有多种）；最大多数无产阶级的家庭则早已为大工业所破坏，他们的妻女及小孩都须离开家庭而与男性劳动者同过大工厂的生活。换过说，即两性间家庭劳动与社会生产劳动的分工已为大工业所冲破，而贬谪数千年的妇女至此才渐有恢复原始时代的重要地位而趋于解放之可能。

第二篇
财产之起源与进化

第一章

个人财产之起源

照一般经济学家看来，财产是一种超越统御自然界的演进律（La loi d'évolution）之社会现象，并且是与天地相终始的永远不灭的存在物。他们要完成这个目的，不仅在原始的野蛮人中搜集私有财产（La propriétéprivée）的论证，而且在各种动物中搜集私有财产的论证：以证明人类生来即具有私有财产的天性，这种天性是永远存在的，所以私有财产也是永远存在的。比如鸠类胸前具有一个饵囊，遇有许多豆类的时候，先把这个囊填满，以后饿了的时候，再把囊里的豆子送到胃里去消化，经济学家便叫这个为鸠的私有财产；又如牛类，食道下端具有一个大囊，吃草的时候，尽量把牧草作一次贮藏在这个里面，然后才安闲的挨次回反于口中细嚼，经济学家们便叫这个为牛类的私有财产……这样推论下去，即各种植物亦莫不有私有财产了！因为植物在地下的根茎莫不是吸收或贮藏养料的。

原始的人们，最初的环境是很艰险的，他们既没有锐利的爪牙，又没有武器，仅赖生活于血族团体之中，才能与毒蛇猛兽或异族为群体的生存竞争。一个血族团体的人，都靠获取自然物品去维持共同的生活。无论强者怎样强，弱者怎样弱，都不能不努力维持共同生活，因为除了共同生活之外，个体决不能为单独的存在。所以在原始的人们中，是没有个人财产（Propriété individuelle）这个观念的。至于土地财产（La propriété foncière）和资本财产（La propriété capitale）更不消说。就是在现在的野蛮人中，也还是这样：据费森和贺威特（Howitt）在澳洲土人中的观察，其中某几个蛮群的人们，仅只以武器、装饰品等为个人随身的用品，并且这些用品在同一团体的各个体中，可以按照需要互相传授，他们决不把这些东西视为个人的财产，只视为全体人员的共同财产（La propriété commune）。

我们要在原始时代中竭力找出个人财产的最初起源，至多也只能找出一种决不具有物质性的理想形式：即野蛮人每个具有一个名字。这个名字，是他到了成年的时候，由氏族举行一种宗教的祭典授与他的（欧洲加特力教的国家，男女到了成年的时候，即跑到天主堂去受洗礼；而中国也有所谓冠礼，都是保留这种远古的纪念），所以他得到这个名字，如获极宝贵的财产，决不用以轻示外人，因为恐怕人家夺了去；他若肯将他的名字和他的朋友的名字相交换，这在情谊上就是证明他赠了一种无价宝的礼物。但是这种名字的财产绝对不是属于个人的；摩尔根已告诉我们，这种名字是属于氏族的，并且当他所赠与的朋友死了的时候，这个名字又要复归于氏族。

复次，我们再到野蛮人中来找个人财产的物质形式之最初起源，那末，至多也只能寻出一些附着于个人并且嵌入个人肉体或皮肤之内而不能分离的东西，比如穿在鼻子耳朵或嘴唇上面的装饰品（中国女子现在还戴耳环），系在颈项周围的宝石，摩擦筋骨痛的人油，放在神龛上面的结晶石，及其他悬于个人身上的柳皮笼子里面的宝贵骨骸……这些东西都算为个人所有，一生不离体肤；死了的时候，即把这些东西同着死尸一块埋葬，或同着死尸焚化，以给死者的灵魂享用（中国至今犹有烧纸扎物品给死者的遗习）。如果要使一件东西成为个人的所有，便应使这件东西与他的体肤成为密切而不可分离的关系，才能达到目的。野蛮人如果要表示他想要某件东西的意愿，便要装作一种吃东西的模样，或用口衔着那件东西，并且用舌头在那件东西上面不停的舐着。比如住在白令海峡之间的爱斯基马人，他若买了一点东西——比如一口针，便将这针贯在嘴唇上，为一种宗教的表记，以表示他愿意保守这针为个人使用。只有这样的事实，可以叫做个人使用的财产（La propriation individuelle）。个人使用的财产，乃是财产之最原始的形式，这种财产不仅过去存在，就是将来也还要存在，因为自食物以至装饰品，都是人们生活的必要条件。

使用——是物件属于个人的主要条件。因而由个人做出的制造品，也只看本身是否要专供他的使用，才视为本身所有的东西。一个爱斯基马人自己只能具两个独木舟；若制造了第三个，便归氏族处置，因为凡自己不使用的物件，便应归为共同财产。

野蛮人每个具有一块拷火石或一独木舟，也如中古手工业者之具有劳动具，近世生理学家之具有显微镜一样，这一类只可叫做劳动工具的财产（La propriété instrument de travail），与中古大地主具有之土地财产和近世资本家具有之资本财产，其性质根本不同。然而一般拥护资本主义的经济学家，他们硬要在没有资本的原始社会中寻出资本财产的起源来：他们不是以原人所使用的石子树枝及弓箭等做资本的起源，便想象各个野蛮人怎样积聚胡桃或鱼虾以相交换而得资本之积聚！

第二章

氏族共产制

原始的人不能有个人财产的观念，最优越的理由是因为他离开他所生存的血族团体不能有个性的认识。野蛮人，不是好玩的，常常有许多实在的危险和想象的恐怖包围着他，使他决不能为孤独的存在，独立的状态是他所想象不到的境界。逐出血族团体即等于今日之宣布死刑。比如在前史时代的闪密的人中，希腊人中，及其他半开化民族中，要犯了凶杀案的人，才处以逐出氏族的极刑。据另一种神话，阿勒斯特——在他杀了他的母亲以后，嘉恩（Cain）——在他杀了他的兄弟之后，立被逐出国境。就是在许多很前进的文明人——如有史以来的希腊人和意大利人中，放流还是一种极可怕刑罚。希腊诗人特欧格尼（Theagnis）说："放流是极可怜的，既没有朋友，又没有忠实的同伴。"可见离开亲族而营孤立的生活，是习惯群居生活的原始人们顶可怕的事情。

并且生长在原始环境中演进的人们，他们比较开化的人们，更是互相关联而不能分立的存在物，因为要这样才能满足他们的各种需要；所以他们必须与他的群和家族为一体，个人既不是财产的主人，也不是我们今日所谓家庭之主人。在极原始的人们，还没有家庭的形式存在。氏族是全体的，群体结婚的是氏族，共有财产的是氏族，而每代的儿女也是属于全氏族；除了氏族之外，他们决不认识个人的存在。

氏族内部，一切属于全体：非洲波希曼人（Boshiman）若是得了一种赠物，便分配于全氏族的人员；据达尔文的报告，有人给一铺被盖与一个佛爱奇人（Fuégien），他便将被盖撕成许多小块以分给其同伴；波希曼人若是捕获一条野牛，则分割为许多块数，以送于其余的人，自己只留一极小部分。旱荒的时候，佛爱奇的少年便沿河而跑；若是气运好，遇着一条浅死在滩上的鲸鱼，他们无论饿得要死也不动手，只是迅速的跑回去告知他们的氏族；于是氏族人员立即跑来，由极年长的人将死鲸尸体平均分割于全体。即在比波希曼和佛爱奇更发达的野蛮人中，猎得的禽兽也不属于猎者个人，只是属于他的妻的家族或他自己的家族，并且分配的细则，是按照亲族等级的。

渔与猎——是两种原始的生产方法，通常是要共同去做的，所以获得物品也是共同消费的。波多居岛人（Botocudos），是南美巴西地方一些不可驯服的种族，他们全族的人员组织为共同的打猎队伍。凡属他们发见有野兽的地方，便全体都去，那块地方的野兽不打尽，他们是决不离开的。共同狩猎的种族必产生共同消费的习惯，原始的共产社会最初便建立在这种经济基础上面。每次狩猎成功了，他们必集合全氏族的人员公开盛筵，共同享受获得的禽兽。这样太古的风俗，就是在后世也还可以发见。在高加索某几个村落中，若一家捕获一条野牛或十几条羊，便要召集全村的人口举行一个庆日，大家共同醉饱，以纪念历年死了的人们。这样纪念死者的共同大餐，在中国宗法社会的家庭和宗祠里面，现还有其遗迹。

摩尔根在他最后的重要著作《美洲土人的家庭与家庭生活》（*House and House-life of the American Aborigines*）里面，研究一些原始共产时代的风俗。据他描写北美印第安人共同的渔猎生活：那些专靠兽肉供给的平原各种族，都是在他们的狩猎中表示他们的共产主义。在一些黑脚印第安人猎取野牛的时候，便有一些男女和儿童骑着大群的马跟着猎夫走；当开始追逐兽群时，猎夫们便将打死的兽委弃在地上，从后赶上的人，只要谁先碰见这个兽，便归谁所有。这样的分配方法，继续以至人人都碰着打死的野兽为止；他们一碰着打死的野牛，便立即施以宰割，或是在太阳光热下面晒干，或是炎草熏干；猎场中另一部分人则收集没有晒干的肉和碎肉，混和腊油卷于兽皮里面。鱼类丰富的哥伦比亚河（Columbie），到了渔季的时候，全族的人员便一齐沿河扎起野幕，来共同取鱼；每晚按照妇女的人数分配，每个妇女接受一份均匀的；获得的鱼都是随时劈开，并且在鱼簝上晒干了，然后才收集于篮子里面搬运到村落里去。

当野蛮人停止沿河沿海以获取由自然供给的食品（如沙滩之死鱼等）之漂流生活时，他们才定居于一定的地方，建筑一些房屋。房屋不是属于个人的，但是属于全氏族共同的。故一个房屋可以住好几百人。在北美加罗林岛（Caroline）住居的黑太人（Haidah），每个屋子里面总是住七百人以上。又如拉毕罗慈（La pérouse）在海洋洲波里尼西亚（Polynesie）发见的房屋，长三百一十尺，宽二十至三十尺，高十尺，好像一个独木舟倒转的模型，两个极端开了门户，全屋可住百多人。伊洛葛人的长屋，据摩尔根说，19世纪的末年才消灭，长百尺以上，宽三十尺以上，高二十尺，其中横一条贯通全屋的走廊，走廊的两边排列一些七尺宽的小房子，各小房子里面住一些结婚的妇女。每栋房屋有两条出入的门户，门上画有或刻有其本氏族图腾（Totem）——即本氏族的后裔用以标识的禽兽。澳洲波尔尼（Borne）地方的达雅克人（Dayaks）的村落是由一些共同住居形成的，房屋是用木棍构造的，所占地面有十五尺至二十七尺之宽，与瑞士湖畔的建筑差不多。白天则在走廊中央度日；未婚的成年男女及青年男女夜晚则分离睡于各共同的大厅之中，男性的睡做一厅，女性的睡做一厅。至于墨西哥土人的大屋（Casas Grandes），基础的面貌是很宏大的，上面建了好几层高楼——一层复一层，每层的小房子分得如蜂房一样。考古物学家舒利曼（Schliemann）在希腊阿哥里德（Argolide）发掘出来的古屋，及其余一些考古家在诺威与瑞典的废址上发现的一些大房屋，皆为希腊荷马时代及斯干的那夫民族（Scandinaves）半开化时代之共同房屋。而法国阿文义地方（Auvergne），在19世纪的上半纪，农人们还是几个家族集合同居，那些同居的房屋恰好与伊洛葛人的相类似。在这些共同房屋里，一切供给是共同的，制火食的厨房是共同的，每餐都是共同来吃。

同居的伊洛葛人，共同耕作园圃，收集谷物，然后贮之于他们住居里面的共同积谷里面。这些生产品的分配，按照个体具有的方法，只是分配于各家——即走廊两面的各小房。例如玉蜀黍一束一束捆好了的时候，便悬挂于各小房子的壁上；但邻近小房子里面的玉蜀黍用尽了的时候，又可按照需要，到别的房子里面去取用。就是对于渔猎的获物，也是同样的分配保留。一切蔬食品与肉食品都是委给妇人去保管和分配，作为氏族全体人员的共同财产。所以在印第安人的村落里面，常可发现一种"个人所有品还可共同使用"的"奇怪"现象。

据在美洲狄拉华人（Delaware）和蒙西人（Munsees）中住过十五年（1771—1786年）的牧师赫克威尔德（Hechewelder）说："在印第安人的房屋里或家族里面，没有一件东西不为个人的财产。从马、牛，以至狗、猫和小鸡，每个人都认识那一件是属于他的。就是在一胎小猫或一孵雏鸡之中，有时也有几个不同的所有者；如果有人要连母带子买一孵鸡，便应与对于这些小鸡具有所有权的儿童们去商量。纵然种族里面实行共产的原则，然家族的各个人都公认各有财产的权利。"实际上，这不过是在共产主义里面发生个人的分配——即个人使用的财产，并不如一般经济学家所说，是与共产主义相矛盾，反而是共产社会完全必要的分配方法。

在别的印第安人，如新墨西哥拉格兰（Laguna）一些村落里面，食物并不分给一个家族的各母亲去看管，只是交给她们贮之于共同的仓库。1869年牧师高尔曼（Garman）写信给摩尔根说：这些谷仓，普通都是交由妇女们管理；她们常常担心将来缺乏粮食，比其近邻西班牙人还要留心；所以她们日日调节食物，务使贮藏的东西能经过一个全年：所以在这些印第安人若是只遇一个荒年还是可以度日，但若连续两年歉收，他们便要受饥饿的痛苦。

在中美麦野地方（Maya）的印第安人，一个村落中有一个共同的灶屋，上面同茅棚盖的，这个灶屋是供全村的人共同使用的，如欧洲中世纪的共同面包灶一样。斯德芬（Stephen）旅行于中美雅卡登地方（Yucatan），常常遇见一群一群的妇女和小孩子用木钵盛着烧好的饭菜，从这样共同灶屋跑到各自的家里去。但在伊洛葛人中，共同的伙食，即在每个共同的住屋里面做：每个家族有一个共同的大锅灶，每餐由主母在这个大锅灶上面，按照各人的需要分配食品；每个人用木碟或泥碟盛着自己那份食品；他们既没有桌凳，也没有一块处所像现今的厨房与食堂，每人接着食品后，只要何处与他相适，便在何处蹲着吃或站起吃。但是通常总是男子吃在前，女子与儿童吃在后。剩下来的食品，竟日之中，无论哪个饥饿的时候，都可拿些去吃。妇女们每日午后，将捣碎的玉蜀黍煮成汤粥，任它冷却，留到明早以招待外人的客人。他们无所谓早餐，也无所谓晚餐，他们觉到饥饿的时候，便可到屋子里面去吃。

共食的风俗，在有史以后的希腊还是存在，如所谓共同飨宴（Syssities），不过是原始共产时代的纪念。这种古风遗在中国宗法社会方面的，有各姓宗祠支祠以及乡社神庙举行祭祀时之各种共食习惯；遗在君主政治方面的，有各代皇帝"大脯天下""赐百姓以牛酒"的习惯，然此皆成为皇帝对于百姓的特别恩典。

据柏拉图弟子赫拉克立德（Hèraclide du Pont）的记述，这样原始的共食习惯，在地中海克拉特岛（Crète）存在颇久。男子方面，每个公民对于共食都有接受平均一份的权利；只有行政首领的雅康（Archonte）为例外，因为雅康一个人有接受四份的权利。雅康何以有四份呢？一份是以公民资格接受的，一份是以共食桌上的主席资格接受的，而其余两份是为维持食堂与家具的报酬。每一席在一个主母的特别监视之下，由她切成一块块的食品分配与各人；但是关于块数大小的选择，对于在人民会议中的议士与在军队中的战士，显然有所区别。每一席有一瓶酒，大家轮流的饮去，完了的时候，又重新充满，一直饮到精光才止。赫拉克立德不过叙述一些男子们的共食；但是赫克（Hoeck）比较在他之前，又叙述希腊多利安人各城市中的妇女与儿童也有这样共食的习惯。

据希腊历史家普鲁他克（Plutarque，生于纪元 45 年与纪元 50 年之间）说，一切共同飨宴都是平等的，他引了一些贵族的集会做例证：凡属坐同桌的，一定是同氏族的人；而斯巴达各个共同战斗的军事组织，便编定坐在各个共同飨宴的宴会席上。野蛮人和半开化人，一切动作都是共同去做的，所以坐席也如临战场一样，是以家庭、氏族和种族做排列的。

共产种族的每个人员接受一份食品，这是很尊严很必要的事，在希腊文叫做母拉（Moïra），其意义就是共同飨宴的一份食品。后来这个字成为最高女神（Destinée，后来引申为命运与定数的意义）的名字，一切的神和男子都要服从她；她是给人们一份生活品的神，如克拉特分配食品给各人的主母一样。在希腊神话中，Destinée 与 Destinées 的地位是很显著的，她们都是女的：母拉以外又有亚萨（Aïssa）与基勒斯（Kèes）；母拉、亚萨、基勒斯的名称即等于说："每人有一份生活品或捕获品。"

这样通常的共食只限于共产时代，希腊人叫黄金时代；这样的遗俗，他们便叫做神饭或圣餐（Repas des Dieux 或 Repas Religieux）。荷马那篇奥地塞（Odyssée）的诗，是咏特罗雅战役归途之苦况的，其中还叙述碧洛斯（Pylos）的市民举行四千五百人的共食：五百人坐一桌，一共有九桌。这样的古俗在罗马也还存在，罗马举行各大宗教的节庆时，便为全体人民陈设一些筵席于街上。赛诺芬（Xénophon，希腊三大历史家之一）也说，在雅典每年的某几日中，大杀牲畜以祭神，祭肉尽以分配于人民，而城市的耗费与牺牲是非常之大的。

共产主义的共食，后来只在宗教中保留为一种宗教的仪式，因为宗教便是太古风俗的遗物。比如雅典市民的共食，是规定在一定时期跑到元老院（Prytanée）去共同会食的，若是拒绝这种应尽的宗教义务，在法律上便要被严格的处罚。凡傍圣桌而坐的市民，便暂时穿着神圣性质的衣服。这样跑到元老院去共同会食的市民，雅典人叫做巴拉垂哝（Parasites），就是寄食者或食客的意思。此字后来引申为游惰人之形容词，而在从前，不过是要求人们保存太古风俗的一种服务。圣餐既是一种保存古风的义务，所以每每在这个城市里面用铜盘献面包，而在别个城市里面则用土瓶献面包。若违背祖先的习惯而用新盘子去献神，便为大不恭敬。这样纪念太古风俗的事情不仅在上古希腊罗马为然，即在后世欧洲加特力教的各种神祭，以及别的地方各种相类的神祭，皆为野蛮时代共产同食的纪念。

第三章

共产社会之风俗

全氏族的共同住居，其中虽分为一些特别的房间而不止包含一个家庭，并且食物也分属于每个家庭的个体，然而实际上还是归全氏族处置。据加特伦（Catlin，1832—1839 年旅行于北美）说：在印第安人的村落中，每个男子、女子或小孩子，当他饥饿的时候，便有权跑进无论任何人家的住居里面去，就是族长的住居里面也可跑进去拿东西吃。即极可怜无用的人，很懒得打猎，又很懒得自给，也可跑进任何人家的屋子里去吃东西，不过人家只给少许东西与他吃罢了。然而这一类乞食的人，假若他能打猎，人家便要给他以高价的食品，因为这是鼓励乞丐与懒惰人而启发其羞耻心的暗示。在加罗林岛的土人，旅行不需携带粮食；当他饿了的时候，便可自由跑进他所遇着的人家屋子里面去，伸手到小食桶里面拿些果子捏成的面包吃个饱；入门无须允许，出门也无须申谢。在他们看来，这不过是享用自然的权利，人人都应这样的旅行，人人都应这样的待遇过客。

原始共产主义的住居，斯巴达人出了半开化时代后，在拉塞德蒙（Lacedemone，斯巴达人的根据地）还普遍的存在过许久。据普他克说：照斯巴达第一个立法者来克哥（Lycurgue，相传为纪元前九千年斯巴达善于立法的贤主）的制度，禁止一切住居关闭门户，以便无论何人都可跑进去拿取他所需要的食品和家具，因为这些东西是没有财主的；一个斯巴达人在路上遇着一群马时，也可无须领马者的允许便骑着一匹代自己的步；一个斯巴达人又可使用无论任何人的猎犬与奴隶。

私有财产的观念，在现在的人看来，好像是很自然的；其实，这种观念乃是慢慢地并且很困难地才浸入人类的头脑里面。人类最初不仅没有私有的观念，而且视一切东西是为一切人们存在的。赫克威尔德说：印第安人相信世界是由一大神（Grand Esprit）创造的，世界上所有一切东西是人们共同的财产。人们繁殖于地上，也如禽鸟充满于林中，并不是为少数利益的，但是为全体。一切东西是给人们一切儿童共有的，凡属呼吸于地上，生长于田野，游息于江河川泽之中的都是属于全体的，每个人都有一份的权利。在他们之中，款待宾客不算一种道德，但是一种严格的义务。他们宁可自己饿着肚皮睡，但是对于款待来宾、病人，以及贫穷者的义务，决不能丝毫疏忽而使来宾、病人、贫穷者有所不满，因为这些人对于共同财产有取用济急的共同权利。比如家中饲养的禽鸟是要随时款待宾客的，因为禽鸟在未被捕前，本是树林中的共同财产；园蔬与玉米也是要随时供奉他们的，因为这些东西是在共同的土地上发生的，并且非由人力，但是由大神的力发生的。

博爱平等的精神，以及款待宾客之殷勤恳挚，从没有如野蛮人和半开化人的，这是许多旅行北美的游历家之共同的赞词。摩尔根说：无论何人，或是同村的居民，或是同族的人员，或是外客，在任何时间跑进伊洛葛人的家里去，家中的妇女便应立刻奉献一盘食物于客的面前。假若忽略这种义务，便是缺乏礼貌，并且是一种侮辱。奉献的食物，客若饿了，便应立刻吃完，若是不饿，也应尝尝味道，然后才叫声"谢谢"。安德尔在他著的《美洲印第安人之历史》（Adairsl, *History of the American Indians*）中也说：凡不帮助人家需要的行动，印第安人视为一种大罪恶，全族的人都引以为羞。

同样的风俗，罗马历史家达西德（Tacite）在半开化的日耳曼人中也发现过，其时日耳曼人恰好跳出原始共产时代。达西德说：吾人从未见过别的民族招待宾客有这样的宽大；若客人被排斥于食灶之外，无论怎样，大家都视为罪恶；也没有人把自己用过后的饮食来奉客；当接了外客的人家食物吃尽了的时候，这个屋里的主人又可领导客人到邻居的人家去，也不须邻居先来邀请，而邻居也决没有拒绝接待的，都是同样宽大的接待；他们对于款待宾客的义务是一律同等的，看人看势的区别，在日耳曼人是从不知道的。

如达西德所述之宽大博爱的风俗，在原始共产时代的人们中，是很发达的，就是在初出这个时代的人们或村落集产时代的人们中也还继续存在，只有到近世资本主义的文明时代才完全消灭。在村落集产时代，每个共同住居，都要保留一部分土地，专供来宾的使用和需要；凡属来宾即可住居一块这样的保留的土地；这种来宾的住居便叫做客房（Maison de l'hôte）。这样的事实不仅印度的集产村落如此，就是在19世纪初叶法国的阿文义（Auvergne）和莫尔文（Morvan）地方也还存在。

第四章

土地财产最初之形态

野蛮人最初是靠果子树根为食品，到了知道吃鱼的时候，乃沿河沿海的寻生活；跑到鱼类丰富的地方，便停住在那块地方。然他们此时梦想不到要保持一块土地为他们的共同财产，因为此时他们还不知道打猎，又不知道驯养家畜，就是保持一块土地也没有用处。

在人们发明打猎之后，才渐渐发生保持一块猎地为一个血族团体共同使用的习惯。所以共有猎地（La propriété commune d'un territoire de chasse），要算是土地财产的每一种形式。后来人口增加，使用猎地的范围也随着扩大，于是在人口稠密的地方，各种族之间，自自然然形成一种土地的分配。

土地的第一种分配是猎地的分配，第二种分配是牧场的分配；牧场的分配是随着畜牧发明的时候开始的。土地个人有的观念，是很迟并且很困难的才慢慢浸入人类的脑中。美洲乌马哈人（Omahas）有句俗话："土地如水火，不是属于个人的。"土地为全种族共有的意义，不仅指全种族已有的人员，而且是指将生的人员。比如纽西兰英国政府要购买马欧利人（Maoris）一块土地：第一个条件是要经过全种族人员的同意；第二个条件是每个新生的马欧利人要继续接受一份偿金。因为马欧利人说：我们只能卖出我们所有的权利，但我们不能卖出我们未生的人的权利。所以英国政府只有用按年偿付（每年出世的小儿每个接受一份偿金）的方法才得免除困难。

在佛爱奇人中，各种族的猎地之交界，剩余一些宽大而不占领的空间；这种空间，据罗马恺撒（César）的《高卢战记》，日耳曼人叫做交界森林（Forêt limitrophe），而斯拉夫人则叫做保护森林（Forêt protectrice），实际都是两个种族或几个种族之间的中立地带。这种中立地带，在美洲印第安人中有下列的区别：同语言的各种族（通常为亲近的联或盟的种族）之间，中立地带很狭隘；异语言的各种族之间，中立地带很宽大。

在旧大陆和新大陆的各野蛮民族与半开化民族都是一样的，凡属中立地带围绕以内的地面，便是他们的生活源泉。只有自己种族以内的人员才有自由狩猎或驯养禽兽于此地面的权利。假若一个外人跑到别个种族的地域里面去侵犯其权利，便要立被驱逐，若是捕获了，有时也有杀死的或残伤肢体的。据赫克威尔德说：印第安人若是捕获侵犯他们的人，割其鼻子或耳朵后，有时还要押送犯者到他的酋长那里去，伤其头皮，以示惩戒。所以封建时代"有土地者亦有战争"的俗话，实际上自从野蛮时代土地以共同财产的面貌出世后便开了始。侵犯猎地，乃是邻近各种族间发生口角战争的主要原因。

未占领的空地，开始是为预防侵占设立的，后来便成为各种族间物物交换的市场，邻近各种族都到这里来交换他们剩余的消费品。

到了农业发明的时候，于是各种族间由猎地和牧场的分配，又进而为农地的分配。种族或氏族的共有土地是共同耕作共同播种的。纪元前四世纪亚历山大王时代，尼雅格（Neargue）大将，在印度某几处地方，还目击各种族对于共有土地的共同劳动及收获物之按照户口分配。摩尔根得到史蒂芬（Stephen）的报告，麦野的印第安种族，土地是共有的，劳动也是共同的。狄欧多（Diodore）也说：意大利李白里群岛（Lipari）的居民，土地是共同的财产；他们一部分在家耕作，别部分出外劫掠；后来他们虽然把大岛分了，但其余的小岛还是共有的，耕作也是共同的。这样的情形，正与恺撒所说日耳曼民族的情形相同。恺撒在他的记录中也说：日耳曼人为极强悍极好战的民族，他们没有私有的或分离的土地；他们几百郡中的每一郡，每年出一千个战士到远处去打仗，其余的人则留存家族中共同耕田。

第五章

村落集产制

上面曾经说过，在一个氏族的共同住居中，每个结婚的妇女住于一个私用的小房间里面，共同的粮食是交由妇女们保存或按照妇女人数分配，这也可说氏族共产家族里面，业已发生个人家庭的萌芽。这种萌芽的雏形，不过是在共同住居里面分成一些各别的房间，各个已婚的妇女便抚育她的儿童，和未婚的妹妹及兄弟住于这些房间里面。由此家庭渐渐个人化，母亲成为各个房间的主人，而家庭的财产亦于此时开始萌芽。

随着人口的增加和生产上的必要，每个特殊的家庭便发生分居的需要，于是不能不从氏族共有土地中分一块土地去建立新房屋；而宅地（La terra salica）的分配，遂成为家庭财产之起点。不过这样的事实，要到初步的农业发明之后才会发生。

在氏族共产社会未起分裂作用以前，一个种族的共有土地是共同耕作，共同播种，收获也是共同分配的。在既起分裂作用以后，土地虽继续为一个氏族之下的各血族团体所共有，但耕作与收获都不是全种族共同的了。此时通行的方法是：从一个氏族分离出来的各血族团体，每年将氏族共有土地分配一次，每家各耕一份，并各得一份收获；这样的方法也可叫家族换耕制。但这还不算是变成了土地私有制，不过是土地归各家使用罢了；各家的内部，生活还是共同的，人口也还是众多的。因为从一个氏族分裂出来的团体，不是仅由一对夫妇组成的，但是由几个亲近的家庭组成的；所以还是几个家庭共一住居，共一火灶，以过共同的生活。其实便是氏族共产制随着农业的发达与需要而变形为血族集产制（La collectivisme consanguin）。

血族集产制，在俄罗斯叫做密尔（Mir），在日耳曼氏族叫做马尔克（Mark）；恩格斯和梅英（Maine，他著有 *Village Communities in the East and the West*）及其他原史学家或叫做共产家族（Communauté Familiale），或叫做村落社会（Communauté de Village）。

俄罗斯的密尔制也是行家族换耕制：土地虽为一个种族所共有，而按期均分于各家族去耕作；各家族在一定期限得专有这块土地的收益；这样的期限初为一年，继为数年，期满则再行分配。日耳曼氏族的马尔克制，是村落共有土地，并且共同劳动。据达西德的记载，也是行过家族换耕制的；土地为村落或部落全体所共有，各家族皆有平等使用收益之权；而部落即为若干村落之集合体，军事及各种公众事务，即随着这样的经济单位为组织。

在 19 世纪的前半纪，关于有史以前的社会组织，世人还很不明了。自 1847 年哈截荪（Haxthausen，他是普鲁士的官吏，于 1840 年游历俄罗斯）著的《俄罗斯乡村制度与其民族生活的内情之研究》（*Etudes Sur la Situation Intérieure de la Vie Nationale et les Institutions Rurales de Russie*）出世，西欧原史学家才明了土地共有制是什么东西。接着加以穆勒尔（Maurer）的证明，有史以来日耳曼各种族莫不是从这样的社会基础发生出来的；于是影响所及，便是英国法学派的原史学家也不得不承认自印度以至爱尔兰，社会的原始形式莫不是乡村共有土地。然乡村共有土地果然是社会的原始形式吗？这个问题到摩尔根才与以决定的解答。

自摩尔根发明氏族共产制的真相后，吾人才知村落集产制还属原始氏族共产社会所派生的形态。所以拉法格在他著的《财产历史》（Lafargue，*Histoire de La Propriété*）上面便给这种财产形式以血族集产制的名称以与他所从出的原始共产制相区别。但是何以见得村落集产社会是由原始共产社会派生的呢？第一，因为土地在名义上还是属于种族所共有；第二，凡属定期分得一份共有土地的各家族，莫不公认同出于一个共同的祖先。

现在请进言村落社会之实际：一村之中，凡属可耕的土地，分为许多长而狭的片段，配合几个片段为一份，每家各得一份。片段虽肥瘠不同，但各份的配合务使其均平。每家配与的耕地面积，大约等于一对牛耕两日的样子。这样尺度的单位，在印度是说两驾犁，在罗马是说两久格拉（Tugera），实际都是等于一对牛耕两日的地积。每个村落保留一部分的公地，开始是共同耕作，后来是定期租赁。

每个村落有一个长老会议。当分配土地时，长老会议召集各家族的代表来抽签，那家抽得那一份便拿那一份去耕作。这样的方法，既没有不公平的事情，也没有不满意的事情。期限满了的时候，又重新抽签再分配。犹太《圣经》（Lévitique）说：神吩咐希伯来人，凡神所预许的土地，务必按人口比例，分配于各种族与各家族。这样分配的方法，在希腊与腊丁语叫做 Kleros et Sors，意义是说每家有一份平均的租产。如果某家所受土地有不平均时候，经长老会议审查确系丈量错误或配合错误之后，又可从保留的公地中，拿一块做加补。

凡属主持农地分配的人们，他们可惊的平等精神中含有正确的丈量技术。据哈截苏说：俄国皇室产业大臣基塞列夫（Kisseleff）伯爵，曾于胡洛尼夏州（Woronieje）某几处地方，派一些测量师与税吏去测量；结果证明农人的丈量，除极少几处稍有差异外，其余完全正确：即就这稍微的差异而说，也还不知农人与测量师两方面究竟谁为正确？

牧场、森林、水道、渔猎区域，以及其他公众使用的利益，是要保留为村落全体居民共同享用，而不得分配的。

可耕土地虽皆定期分配于各家族，使得享受其收获，然地主之权仍然为村落所保留，因为村落便是各家族组成的全体。

俄罗斯一个密尔的土地，便叫共同耕种地，其收获即分配于全密尔各家族。顿河流域的哥萨克人，他们的牧场是不分的，所以一个牧场的草是共同去割的，割了之后，才把干草来分配。1877年密勒（Miller）写信告之摩尔根，新墨西哥大俄人（Taos，印第安人之一种）的村落，其中每个种族有一块共有的玉米田，其收获物则交由酋长保管，缺乏粮食的人都可去取。9世纪英国加尔（Galles）地方的法律还规定每个家庭应接受两百平方尺的地亩，但每份土地都要一律共同的耕种。

共同耕作地的收获物，有时全村居民无庸分配，便可据为共同消费之用。英国哥摩（Gomme）在他著的《村落社会》（*Village Community*）中，引了一个爱尔兰茂峙伯爵（Meath）的村落，这个村落共同田原的收获物便是全村用以缴付租税的。在印度某几个村落中，一定地面的收获物，是规定专门报酬铁道牧师学校教师……之用的，因为他们是为全村居民服务。荷马的《伊利雅》（Iliade）与《奥地赛》两篇诗里面更说希腊人有为地神与军事首领保留一块神田（Champ Sacré）的习惯。苏格兰人怕恶魔作怪，乃给恶魔保留一块土地，以表示敬礼，这块土地不叫恶魔之地而叫善人之地（gude man's land）；凡属这样的土地，都是任其荒芜而不耕种。雅典国家所得公共土地的租金，其一部分乃是用以津贴神圣的妓院。这是古代雅典贵族们一种义务的习惯。

耕种是在长老会议或其代表的监督之下举行的，马奢尔1804年在他著的《土地财产的原理与实际》（Marchall, *Elementary and Practical Treatise on Landede Property*）里面说："18世纪英格兰的集产村落，一个家族不得随意耕种自己那份土地；应以同样的种子和同样的方法与全村落其余各家同样的播在自己的田亩上。"当土地分配终止的时候，每个家族不过具有一块使用的地面；地内发现了宝库的时候，不能归自己所有，必须呈送于村落；五金与煤炭也是一样时，要得这种东西使用的人，只有靠自己的劳力，在地面上打洞去掘取。

耕作制度，普通都是采用换耕法，有三换的地亩，也有四换的地亩。凡村落可耕的土地，大要分为均平的三部分，使这三部分土地可以更替的耕种：比如第一部分可在冬季种小麦；第二部分可在夏季种大麦或燕麦；而第三年则任这两部分土地休耕以养地力，而耕种其第三部分。

播种与收获的时日，都要由长老会议规定。据英国刚培尔（Sir G.Campbell）的报告，印度每个村落有一个占星师，专门担任指示播种及收获的吉祥日期。哈截苏也记载俄罗斯集产村落的田野劳动具有极完备的秩序，仿佛像军队的纪律一般。当耕种或收获的时候，全村落的农人都同日同时去工作，这部分耕，别部分锄……工作完了，然后共同回去。哈截苏说："这种规律，不是村落的长老命定的，乃是表现俄罗斯民族精神的特性，需要联合与共同秩序的社会性之结果。"这种特性，未免惊骇了普鲁士的哈截苏，他以为这是俄罗斯民族特别不同的地方；其实，这样的特性乃是集产制赋予的，凡属同样历程的地方，到处都可以发现，比如日耳曼各民族即经过同样的历程，不久便由穆勒尔证明了。

自来欧洲资产阶级经济学家，对于财产的研究，决没有历史的观念，他们以为私有财产是与天地相终始的，故对于原始共产制或集产制皆目为海外奇谈。自哈截苏的发现公布后，他们对于集产制才不再怀疑。然哈截苏自己并不知道他的发现在历史的见地上之重要；他以为密尔是圣西门乌托邦（Utopies saint-simoniennes）的实现。故不久巴古宁（Bakounine）及其学徒便热烈地宣传斯拉夫为引导人类向进步方面走的特殊种族，并预言密尔是将来社会的模范。

在哈截苏以前，英国印度的官吏们，在他们所管理的地方即已发见这种特殊的财产形式，不过他们的发现埋没于一些官场的报告之中，而不能公布。自从学术界提出这问题争论后，才有人考证18世纪末，大它西（Grand d'Aussy）、福尔尼（Valney）等即已认识集产制，不过到资本制度统治欧洲以后，这种过去的制度才为人所忘记而成为海外奇谈。

村落社会共同劳动的纪律，常常使近世学者闻之惊骇：大名鼎鼎的梅英，他是印度英政府的法律顾问，他对于印度的集产村落颇有研究。他说："长老会议决不要发号施令，他仅只宣告历来的习惯便是；所以他不须有世人所相信的最高势力发出的告示。凡极有权力来说这桩事情的人们，莫不否认印度土人需要一种政治的或神的权威为他们的习惯基础，只有盲从可视为他们太古风俗的充分理由。"其实，这并不是"盲从"，乃是自然界所加于半开化人的强制道德，因为若不具有这种纪律，他们共同劳动的效率必至低减，而一年的食粮必不充足。

收获完工之后，各家族分配的土地又复成为共同的财产；全村落的居民都可放出他们的牲畜到这共同的田野中去吃草。这样的习惯，便是在经过几千年采用私有土地制的民族中，也还有保留的。

土地原来不过分配于各家长，这些家长便是最先占领这土地的祖先之后裔；所以村落的每口人丁都应认识并证实他的来源。在印度某几个集产村落中，专门有一班人员掌理其种族的谱系；他们对于祖先全体的名称能一气数出，不遗忘一个。上古雅典家族的登记，也是一件极小心极严重的事体，倘若谱系中登入一个不属本族的合法儿子，便要蒙受严格的处罚。这样的事情，到了宗法社会更严格。

第六章

秘鲁及印度之村落社会

　　上面所说的，不过是概举一些已知的村落情形，以为血族集产社会的完全模型。这样完全的模型，只可视为长期存在和长期演进的结果，决不是各民族集产村落初形成时便骤然达到了这样的境界。现在试述一低级形态的村落社会以为例证：

　　秘鲁在被征服的时候，土著的印加人（Incas）是原来统治秘鲁的种族，他们初入村落集产的阶段。他们土地的三分之二名义上都是属于太阳神，其实便是印加人的共同财产。住在村落里面的各家族，每年在耕种以前接受分地，他们是共同为太阳神的土地耕种的。一切收获物，经过祭祀用费之后，由印加人公众管理，以为普通一般的公益及全体居民之用；分配标准是以他们的需要为原则的。丰富的骆驼毛与种满各大平原的棉花，也是一样分配的，每个家族全体人员要几多材料做衣穿，便可充分的取得几多。他们的共同劳动是很有快乐的社会情趣的：农事开工的时候，每日黎明便有人站在高岗的塔子上召集全村的居民；然后男男女女并且携带一些穿花衣的小孩子跑起去，一群一群的共同工作；一面还要高唱颂祝印加族的山歌。

　　印加人对于共同土地的耕种，以及收获物的管理，比从欧洲出来的文明西班牙人要完善得多。西班牙的移民，大都是些间日而食

的穷鬼、乞丐、娼妓、盗贼……如此等等的文明人竟纷纷不绝的在
一块仓廪充实（贮着丰富的玉米子），没有穷鬼、乞丐、娼妓、盗贼
的"野蛮"地方登岸！登岸之后，用炮火破坏印加人的天国而变成
为文明人的殖民地，然后文明人还要口口声声宣传印加人的"凶恶"
和"野蛮"！美国历史家普勒斯哥（Prescott，他著有 *History of the
Conquest of Peru*）曾得一个征服秘鲁的兵士李奇斯曼（Lejesema）
的记录，据说印加人是很善治理的民族，其中没有盗贼，没有怠惰
者，没有嫖客，也没有卖淫妇……山林、矿山、牧场、猎地以及一
切财产都管理得很智慧，并分配得很智慧，他们各得一份使用的财
产，决不知道怕人偷窃，他们之间也决不有口角的事体；他们看见
西班牙人的住居常关门闭户或加以锁钥，他们只以为西班牙人是怕
印加人杀害，他们决梦想不到是防偷窃；假若他们发现西班牙人中
有盗贼或引诱妇女之男子，他们对于西班牙人便看不起了。

　　秘鲁共产天国的各种公众工程的废址，也如古代共产的埃及遗
下来的废址一样，能使近世的艺术家工程师惊叹不置。横贯引孔第
绥县（Condesuyu）的水道，有六至八个基罗米突长，用以帮助自
然的湖泽及山中的贮水池以引水。从基多（Quito）至居斯哥（Cus-
co）的通路，长约二千五百至三千基罗米突，每距十五基罗米突有些
堡垒及用极大直径的石墙包围的军事草棚。道路宽约七尺，上面铺
以大石，某几处曾覆盖一种极坚硬的西门汀土。在一个万山之中的
地方，许多的瀑布与深谷上面都架有木桥。亨博乐（Humbololt）在
19 世纪初年游过秘鲁，对于印加人的各种工程发了下列的赞叹："这
样大石头镶成的道路，很可与我在意大利、法兰西、西班牙看见的
罗马道路比美……印加人的道路是极有用的工程，同时也是人力做
出的极伟大的工程。"然而这种伟大的工程竟是不知使用铁器和还没
具有家畜的共产民族完成的。

　　此外我们更看外力高压下面的印度村落社会：据英国印度总督
梅特加夫（Metcalf）1832 年的报告，各村落社会都是一些小共和
国，他们都能生产他们所需要的东西，几乎完全脱离外界而独立。
无论朝代怎样变换，革命怎样频仍（如 Hindous、Patans、Mogals、

Mahratta、Sicks 和英国人轮流为他们的主人），但村落社会还是常常一样的。到了危乱的时候，他们也武装起来，并筑堡自卫；但敌人的军队如果要横过国境，他们只好收集家畜关于屋子里面，让敌军过去，以免招惹。假若敌军对于他们大肆劫掠，而其势力又不可抵抗时，他们便远天远地的逃走，或跑到别的村落去避难；等着劫掠经过了，他们又复跑回家来。然若惨节连续几个年头，把他们的地方破坏不堪居住了，全村人民只有散亡在外；但一旦可以居住的时候，他们便要立刻归去的。子孙归去复占了祖先的田地，那末，村落一切情形又要恢复如从前一样。这样的迁徙很不是容易的事，他们常常要坚持久长的岁月，经过各种的危险与扰乱，才得制胜敌人的劫掠与压迫。梅特加夫更忧闷地叹息道："这样外部的打击到还无伤，只有我们的法律与法庭却容易破坏这些村落社会！"

俄罗斯的村落也都是独立自主的；他们都能在自己的村落里面生产他们所需要的东西以自给；他们之间，不过在一种很不完全的状态下发生一点关系。有时似乎有点联合，也常常容易被俄政府所压息。印度也是一样的，英国只用五万人的军队便统治了一块比俄罗斯人民更多的广大土地；印度各村落之间因为没有联合，所以不能有丝毫的抵抗力。

第七章

村落社会在中国之遗迹

村落集产社会不仅为母权到父权、半开化到文明的过渡，而且横亘在各开化民族中的宗法社会也是由它产出的。因而它的遗迹在最老的宗法社会或封建社会里面，每每可以为长期的残存。不仅在俄罗斯如此，在中国也还有其遗迹。

原始母权氏族的共产社会，在中国久已湮没无痕迹了，独村落集产社会的痕迹还多少可耐寻索：不仅"张家村""李家村"等现在还遍存于各地，而所谓三代以上的"井田制"及以后模仿或梦想井田制而发生的"授田""均田""班田""限田"等制度与学说莫不为远古集产制度之遗影。相传一块井田为九百亩，中为公田，以其余八百亩分配于八家。每家得一百亩，即所谓"一夫百亩"。"夫"就是指已婚成家的家长；授田年龄，以三十娶妻成家者为合格，到了六十岁又要将所授土地复返于公，而不得买卖或私相授受；然地有肥瘠，有的年年可以耕种，有的要休一年或二年才得再耕种，故《周礼》说：不易之家地百亩，一易之地二百亩，再易之地三百亩。（郑司农注：不易之家，岁种之，故家百亩；一易之地休一岁，地薄，故家二百亩；再易之地休二岁后种，故家三百亩）在村落或部落时代，土地主权属于村落或部落所共有；后来政治统一，遂集中于统治者天子诸侯之手，又由他们的手以再分配于人民，故有"溥天之下莫非王土"之言。"王"一面为统治权的代表，一面又为领土主权所属的代表。耕地分配之外，又有宅地的分配，各家皆得宅地五亩；耕地须按期缴还于公，宅地则许其永业，至于山林川泽以及牧地，则概由公家保留。

此外，还有所谓"籍田"与"园囿"。相传籍田是为天子躬亲农事而设的，地面有千亩之多；实际则为统治者保留从前村落集产时代共同耕种的纪念。故到了每年举行籍田典礼的时候：

> 由掌理观察天时的大史（即印度村落占星师之变相）择定一个吉祥的时日，先几日通告掌理稼穑的后稷，
>
> 后稷据以通告于王，王乃使司徒遍告公卿百官庶民，
>
> 司徒即设坛于籍田上面，并饬大夫们都准备那一日的农具与用品；
>
> 先五日，又有一个什么瞽师报告有一种和协的风发起来了，于是王即斋戒沐浴，百官也跟着他吃斋，
>
> 斋戒三日，乃举行一种简单的农品（什么粻与醴）祭典，百官庶民都跟着王去祭；
>
> 到了籍田这一日，后稷出来监工（在村落时代是长老监工），膳夫与农正陈设籍礼，大史引导王亲耕；
>
> 王耕一墢土，各级官吏就加三倍，然后庶民把一千亩都耕完；
>
> 耕完之后，后稷省察王及百官的工程，大史做监督；
>
> 司徒省察庶民的工程，大师做监督；
>
> 这样省察完毕，然后宰夫陈餐，膳宰做监督；各级官吏次第吃一点；
>
> 最后庶民大吃特吃，把所陈的饭菜一概吃完。（参看《国语·虢公谏周宣王不籍千亩》）

这样一出籍田的喜剧，完全是一幅村落集产时代共同耕种的遗影，所不同的，不过涂饰一点封建的礼文与点缀罢了。

狩猎为野蛮时代生产方法，园囿为半开化中期的发明，及农业发达二者都成为副业。中国古代帝王于籍田之外，又设园设囿以存太古之遗习，其后则完全变成为游乐场所而忘其本。在周朝的时候，

囿中豢养禽兽，以供习田猎并备军国之用。相传文王之囿方七十里，是向人民公开的，其后齐宣王有四十里之囿，则已成为他独乐的场所。（见《孟子》）可见帝王诸侯的园囿也同籍田一样，都是太古遗下来的痕迹。

第八章

宗法家族与集合财产之性质

据科凡来甫斯基（Kovalevski，著有 *Tableau des Origines et de L'Évolution de la Famille et de La Propriété*）在斯拉夫民族中研究的结果，宗法家族是从集产村落派生出来的；它也是几个家庭的集合体；它的命运与财产的集合形式有密切的关系，因为财产的集合便是宗法家族存在的主要条件。

家族与财产是以同一步骤演进的。就家族方面说：最初，氏族是全体人员的共同家庭；久之，氏族分成为几个母权家族；复次又分成为几个父权家族。父权家族还是几个家庭的集合体，所以也可称做父权氏族；最后，父权家族又分成为一些个体的家庭。就财产方面说：氏族共同的财产分成几个母权或父权家族的集合财产，又由集合财产变成为一个或几个个体家庭独占的宗法家族的私产。可见两者演进的步骤完全是相同的。

上古一切社会，莫不承认财产在家族地位之重要。比如在斯巴达，若是一个公民丧失了家族的财产，或减少了家庭的财产，而不能供公共衣食的消费时，这个人便排除于惟一具有政权的贵族阶级之外。雅典人的国家对于家族财产的管理也很注意的监督；凡属公民皆有要求干涉或禁止不善管理家产的家长之权。家族集合的产业，既不属于家长，也不属于存在的人员，但是属于子子孙孙永续不死的家族集合体；过去、现在和将来的家族财产都是这集合体的。然而这集合体属谁呢？属于他们的祖先。所以每个家族的厅堂中都有他们祖先的祭台、神主或坟墓。生存的人们虽为实权的享受者，但其职务在担任继续祖先的遗产，维持祖业的繁盛以传于后人。

房屋是家族财产的中心。雅典的法律，只准卖土地，而禁止卖房屋。土地的财产是不可让与的，既不由家族人员瓜分，也不能拿出家族以外，只能代代相传于男性的后裔。希腊习惯：父若不将财产遗与男儿时，女可为相续的人的过渡，然后与父的一个亲族结婚，使这个男子成为正式的相续人。佛兰克人及其他日耳曼人的法律也说："假若死者不遗财产于其子，则银子和奴隶属于女，而土地则属于父系的近亲和后裔。"

管理家产的家长，有时是被选举的。他应好好监督耕种的执行和房屋的维持，务使能供给家族全体人员的需要；并且要常常想到他将来对于后任家长打移交时，务必使财产如他接受于前任一样的繁盛。为的要完成这些责任，便应赋他一种专制的权威，所以他不仅是立法者，又是裁判官与刽子手；凡属在他命令下面的个体，都可由他裁判、处罚或惩戒；他的权力一直到可以卖出儿童们为奴隶和对于隶属者处以死刑——包括他的妻在里面。

每个家族授田多少，通常是以组成它的人口数目做比例的。家长要想增加土地，便要先设法子增加其人口的数目；于是便发生早婚的习惯，使其幼年儿童娶一些壮年女子作家庭的奴婢。据哈截荪的报告，他在俄罗斯各村落里面，常常看见一些高大强壮的少年妇女，抱着小丈夫在她们的腕中。

此处可借用一句普通的成语："国之本在家。"这句成语在从前一般道德家和政治家用之早已不甚正确；而在我们用之，确可为集产发达到一定时代的真实表词。凡建立在集产基础上面的村落，俨然是一个独立自给的小国家。由各家长（都是平权的）组织的长老会议就是他的政府。比如俄罗斯的农人，生死于他的村落之中，凡属村落以外的东西，于他都没有关系；所以密尔的字义在我们译作村落，在他们便视为"世界"。印度村落社会的财产制和分工，在还没有受英国的统治及"文明国"征税制度的破坏影响时，已达于充分发展的地步。印第安人中虽然也有分工，但比较印度人的低得多。印度每个村落具有一些公众服务的人员：如各种各色的匠人（造车匠、织匠、裁缝匠、挑水者、洗衣者……），在沙子上画字的教书先生，给每个家族登记种源与苗裔的修谱先生，预言播种与收获时日的占星师，给全村居民看守畜群的牧人，掌理宗教的婆罗门僧侣，以及为各种族宗教祭祀跳舞的舞女；这些人员都是以村落的公费维持其生活，他们只应给土著的各家族尽义务，而不应给从新建成村落的外人服务。据刚培尔说，各种奇怪事情中之最可注意的，便是铁匠及其余某几种匠人的报酬多过于司祭的人员。

此外每个村落还有一个或几个首领及许多职员，有的是管理本村落各种关系及与外界之关系的，有的是管理犯罪和侵犯事务的，有的是管理招待旅客之义务的，有的是保护田野、测量土地的，有的是看管灌溉预防水旱的，这些人员，也都是以村落的公费维持其生活的。村落的首领，是以他的能力、知识、管理的才干，以及善使魔术等资格被选举的。他是共同产业的保管者，购入自己村落中一切不能制造的各种用品，及卖出自己的剩余物品。

第九章

土地私有财产之起源

从野蛮人与半开化人的逻辑精神，纵多只能想象到自己所制造的物件和自己所常要使用而不能离身的物件为个人的财产；但是决不能想象到自己所不能制造和自己年年只能在共同家族中使用的一部分土地会成为个人的财产。所以土地私有的观念，在人类的脑中，原来是很难贯入的，除了经过长久的岁月，迂回曲折的浸渍。

用篱笆围着，用人力开辟的土地，并不是土地私有的发端；认此为土地私有的发端，不过是卢梭的感情学说。我们要找土地私有的起源，最初只能找出一种"宅地"的分配。因为房屋可以为构造的人或住居的人之所有，所以宅地也被视为一种动产。在中国井田制时代，宅田也准许个人永远使用，而不复返于公。在许多野蛮人和半开化人中，房屋与其他动产（如武器、装饰品、衣服及其所宠爱的牲畜等），是随着死者而焚化的。英国极古的法律，法国以及其他地方的习惯，都把房屋列入动产之中。

房屋是家庭的中心。家庭是不可侵犯的，所以房屋也是不可侵犯的。即在原来住居的家族丧失退出其房屋之后，房屋还是永远保持不可侵犯的权利。各社会中的公民可以被捕，可以监禁，也可因负债而卖为奴隶，但房屋是始终不可侵犯的。人们不得家长许可，不能擅自跑到人家的房屋里面去。原始的人们无所谓正义，无所谓裁判；正义裁判之始——始于各个家屋的大门：假若是一个犯了罪的人，便拒绝其跨过大门的门限；若是罪人触动了大门的插锁，便是犯了社会公诉的重罪；要免避这重罪，只有逃到其父亲的领域里面去，因为父在自己的地域以内，有立法兼行政的威权。纪元前168年罗马一个犯了死刑的元老，和几个酒醉的罗马妇人，犯了扰乱公众安宁和道德的罪过，官厅只有将逮捕的职务要求各家长去执行：因为妇女住居家中，除家长的权威外，国家的法律是不能及于她们的。家屋之不可侵犯，在罗马已达到这样的地步：任何罗马人都不能要求法官和公众势力，跑到人家去逮捕一个抗命的犯人。

村落社会各家族的房屋不是相联的，但是孤立的，并且每个房屋包围一带土地。据达西德及以后许多历史家说，这种孤立是半开化人预防火灾的方法，因为各个住居通常都是用树枝与茅草盖搭的。但这种很普遍的习惯，不是这样的理由可以说明的。野蛮民族和半开化民族的猎地莫不剩余一些中立地带为界限；各个独立的邻居之间，剩余一些不占领的空间，当然也是同一理由。这些包围每个住居的土地，后来遂同着房屋宣布为私有财产。

各个独立的住居，开始是用篱笆围着，复次才用岩石筑成墙围。墙围以内，在半开化人的习惯法，叫做法定的家屋围绕地（Curtis legalis，或 Hoba legitima）。在罗马《十二铜版律》中，邻近各个独立住居的距离是必须审定的：城市房屋的距离则规定为二尺半（《铜版律》第七版，第一条）；不仅一切住居是独立的，每个家族的每块土地也是独立的。这可证明决不是为预防火灾了。《铜版律》第七版第四条又规定：各家田原之间，应空五尺宽的地带以为界线而不耕种。

第十章

集合财产之分裂

集合的财产，是由氏族共产起分裂作用时产生的。当半开化时代到了尽头的时候，这种分裂作用又轮到了集合财产的本身：包括众多家庭的大家族渐渐的解体，集合的财产也渐渐的分成为个人的财产了。

氏族与村落两种不动产的继续分裂，都是由动产的事实限定的。动产为转移不动产的积极原动力，不仅过去如此，现在也是一样的。

不动产的个人化，不过随着动产的个人化才发生；动产的性质，是天然的准备个人化的。当氏族共产社会起分裂作用时，各家主母从共同住居中携带几件动产（如家具、构屋木料、牲畜等）分离出去，各立门户，建筑新住居；纵然她们的建筑是很幼稚的，然而我们从此已可看出动产在实际上即已如此重要。房屋下面的土地，隐约之间，便已具有个人财产的性质，因为房屋与土地是不可分离的。房屋所在的地方，这种性质自然容易扩张到周围屋宇的一带土地。由此每个家庭随着房屋的建筑而建筑了家庭的财产，其势是很顺易的。集产家族发达到恰当程度，自然又要分裂为几个大家庭，而各家庭自然又要瓜分集合的财产以自膨胀。

这种膨胀，借着动产的增殖而益迅速。凡位置适宜的村落便于商业的发展，因而动产愈益繁殖。这样一来，村落中各家族之间的平等便破坏了：这几家日看日穷，日看日负债；而别几家日看日富，并运用其财富势力以图吞并集合的土地。凡不能还债的各家族，其土地遂次第落于横领者之手。

　　财富的功用，在集产的本身也是一样的觉得。起初，一切财产都是共有，家族中没有谁人具有个人的财产，也只有使用的东西才成为个人的所有品。在印度各集产村落中，钱币不用以做任何的买卖，但用以做装饰品，把他缝在衣服上面；无论任何人获得的东西都属于全家族。但是到了动产增加的时候，人们的心理便要大起变化。斯拉夫人有一句俗话说："我们应当把母牛引到外面去走走，因为它日日站在分娩的栏里面！"这句话的意义是：要使个人得发财便应与集合的家族分家，也如要使母牛分娩得快，便应引它出去走一走。

　　动产的来源，开始不外两端：一是劫掠，一是战争。战利品（Peculium castrense），在罗马人的习惯，是归个人有的第一种动产；斯拉夫族各国也是一样的。男子由动产的权威在家族的不动产上发生特权，而排除女子于财产地位之外；女子出嫁于别家族时，至多只能得一点"嫁奁"。掠夺品或战利品是有出息的，故由此又可派生一种准战利品（Peculium quasi castrense）。准战利品怎样产生的呢？一是高利借贷，一是经营商业。商业的范围，开始是很狭小的，至此遂渐渐的扩张，以至可以贩卖牲畜、宝石、金银、奴隶及不动产。因此集产家族的各家庭与个人之间，随着财富而渐渐发生不平等的阶级，一个阶级是贫人，别的阶级是富人；家族的调和遂从此破坏了。每个家庭为谋个人的利益，有时甚至反对别个家庭的利益；所以集合的家庭卒至于解体而建立个人的家庭。这样的家庭初建立的时候，我们便可完全清楚他的性质和内容了。

　　在那些不成为商业中心或流动财富的中心之各村落，是要慢慢地才能达他的极点。在这样的情形中，假若不为外来的打击所摇动，好像这种财产形式很能永续几个世纪。因为实际，集产社会的本身就是整个的经济单位：在它的内部可以生产自身一切需要的物品，以供全体人员物质生活和精神生活的需要。这样自给的社会，假若其中产生扰乱调和的因素（也可说是革命的因素，如以上所说各种动产）很少，尽可将很宝贵的祖业一代传一代的维持下去。并且当这种村落社会其农业与工业发达到恰当程度的时候，它很能供给居民不多欲望不大的各种简单的需要，在它的本身中似乎再也找不出进化的因素了，只有来了外界的接触才能使它再向前进。专制政府与资本帝国主义好像是专门担任这种工作的。"沙"之于俄罗斯，英之于印度，便是著例。所以他们可算是村落社会之最后的破坏者，如印度各村落社会，骤然遇着"文明国家"严重的财政负担，大商人、大银行家等可怕的剥削，怎得不破产解体呢？

以上所说集产社会崩溃之原因，偏于动产支配不动产之一点。现在更从别一方面来说：农业进步的结果，也可自自然然引起集合财产的分裂。第一是铁器完成，各个劳动者渐渐认识一己之力量，因而共同劳动渐渐解体而发生孤立劳动之趋势；这种孤立劳动在以前是不足有为而必须纳入共同劳动中才有作用的。第二是耕种方法进步，使农产品丰富到发现于各市场的时候，耕种者自自然然发生这样的企想：延长其分配土地的年限，因为他们在所得分配土地中，既加了许多人工，又下了许多肥料，所以他们不得不想要收获这些劳动与肥料的利益；最初是要求将分配年限延长两年三年，复次是七年以至二十年。这样一来，一个种族的全部分或一部分的分配土地，由长久的期限，卒至可以成为各家庭久假不归的财产了。

第十一章

动产之发达

在野蛮时代，雏形的动产是很少的，如拷火石、武器、渔猎工具、小船、极简单的家具等，开始皆视为共同财产，也如一切获物及土地谷物之为氏族的共同财产一样。

在半开化的各种族中，畜群、宝石、贵金属等虽然逐渐增加，然共产制也还依然存在。然而这些东西卒致促成人类第一次可怕的大革命，剥夺妇女在社会中的最高地位，使不自觉的男子高蹈在原始共产制和血族集产制的废址上面而建立私有财产制的文明社会。

在原始共产社会中，农业与工业是很幼稚的，所以找不出奴隶的地位。战俘大都是置之于死地，只有氏族中发见劳动不够或战士减少时，才采用收容的方法。及土地开辟，家畜与工业进步，才开始采用奴隶制：为经济的利益而保留战俘，并使之调供各种生活上的需要而从事于各种劳动。战争，原来不过为各种族间争夺或防守猎地而偶发，至此遂成为增加各种动产和掠夺畜群奴隶谷物以及贵重金属的直接方法。半开化高期的战士与猎夫，类皆厌恶劳动：他们要规避难苦的农业劳动，便专门努力于劫抢和战争，遂现出劫掠事业为增殖动产之习用途径。

前史时期的希腊，强盗们是异常大胆异常发达的，他们沿着地中海各岸打劫，劫得货物，便携着回来藏于城墙之最高处；希腊沿海各城墙上面的强盗寨，正如岩石上面的鹰巢一样。希腊英雄歌中，有一段很好的东西，足以使我们知道半开化高期战士的生活：

英雄歌

我有长枪和利剑，
并且还有盾，
把我的胸膛做战垒，
为的要发财！
我用这些东西耕，
我用这些东西获，
我用这些东西制造甜蜜蜜的葡萄酒，
我用这些东西使奴隶们——
叫我做领主！
并且还要使那些不敢荷枪带盾的人们，
跪在我的面前如跪在主人面前一样，
我还要使他们叫我做大酋长！

又有一个英雄歌，是芬诺人（Finnois）的叙事诗，也是一样的腔调：

我的黄金和月亮一样的老，
我的白银与太阳同年：
它们都是从战场中勇敢夺来的。
从战争中得来的一片小钱，
比由犁头翻出的——
一切金与银，
价值大得远！

陆地上和海面上的劫掠，在半开化高期的民族中，占极优越的地位。纵然他们一面从事农业，一面还是做强盗。据恺撒的记载，日耳曼各民族每年留一部分战士在家里耕田，遣一部分战士出去劫掠；远征队回来了，耕田队又出去，两部分人年年都是这样互相轮流的。至于战利品的处分，最初都是分配于全体，因为留在本地的人也是为大家而耕作；所以他们全体，在农业与劫掠业中，还是共产主义者。然而这样的共产主义，后来卒致消灭了；但劫掠业还是永续存在——到近世资本帝国主义的国家而达于极点。私产制充分发达的雅典人，还保持他们从来劫掠的风俗；大贤梭伦执政的时候，还维持雅典一些的劫掠团体。据都昔第（Thucydide，希腊三大历史家之一，纪元前460—前395年）说："凡属长老，对于劫掠事业，决不为羞耻"；而近世资本帝国主义的国家，亦以掠夺殖民地和弱小民族为莫大之荣誉！

　　文明初期的英雄们遍布于地中海沿岸各处。他们不仅劫掠畜牲、谷物以及各种动产，而且劫掠男子和女子，做他们的奴隶。最初奴隶是共同财产，土地也还是共同财产，在后才起瓜分。克拉特岛在亚里士多德（Aristote）时代，还有些共同奴隶的群众，叫做诺慈（Mnotx），为公共产业做耕种的工作，其收获则供全体公民之用。希腊共分奴隶为两阶级：其一为公共奴隶（Koineodouleia），属于国家；其一为私有的奴隶（Klarotes），属于各个贵族的家庭。雅典也有许多公共奴隶，其职务不是耕种土地，但是做刽子手、警察、一切行政机关的下级属员或听差等等。公共奴隶，在印度也可发见；印度可说是过去种种习惯的大陈列所。贺吉森（Hadyson）在他著的《亚细亚社会记》（*Transactims of the Royal Asiatic Society*，1830年出版）里面说，建立在马德拉（Madras）西北四十五基罗米突地方的村落，其中的居民关于他们一切的农业劳动，都是奴隶们帮着做，这些奴隶是他们的共有财产。这些奴隶，一部分是贩买来的，一部分是由没收抵押品来的。贫的家族，原先以共同土地做抵押品，向富的家族借贷，等到土地被没收时，附着于土地的人们也随着没收为奴隶了。

第十二章
封建财产之起源及其性质

封建的财产（La propriété féodale）有两种形式：一是不动产，如田庄、采地、第宅等，封建派叫做附身财产（Corporelle）；一是动产，如年役徭役什一税及各种赋金等，封建派叫做非附身财产（Incorporelle）。

封建的财产是从集产村落社会产生出来的；它发达到一定的程度，便毁损了村落社会而形成一种新的社会制度；并且由此演进几百年之后才达到个人财产的真正形式——即资产阶级的财产（La propriété bourgeoise）。所以封建的财产乃是上古血族集合财产和近世个人私有财产间的摆渡。

在一切封建时代中，地主对于农奴们所附着的土地财产并不能如近世资本家对于其资本财产一样，具有独立自由的使用权和享用权。土地不仅不能由封君买卖，而且是农奴们的代理相续人；地主对于土地只能按照习惯和法律相传授，此外决不容许其有违犯旧习之余地。封君不仅对于上层阶级要履行各种义务，对于下层阶级也要履行各种义务。

怎样说封建的财产是从集产村落社会产生出来的呢？当承平而未发生继续不停的战争或外族入侵的时候，村落社会的生活是很平静而很平等的，首领（或酋长）与居民并没有什么区别。但战争不停的发生，则上述状况逐渐破坏；前此平淡无奇的族长地位至此便要变成为赋有许多必要特权的军事首领，村中居民不能不集中势力于其首领的保护与征调之下，由此徭役（如掘战壕、筑城垒……）赋税等必要服务随之而生，久而久之，便成为普遍的社会制度。至其详情，余将于第三篇述之。

封建财产之下，又派生一种教会财产（La propriété ecclé-saistique）。教会财产的起源是伴着封建财产而来的。当维护封建制度的无形武器——基督教——发展到恰当的时候，他便广开天堂以接受农民的土地与物质之贡献，而给农民以教会权威之保护，以对抗虐待农人之封君和诸侯。

今将封建财产之要项，分条述之于下：

徭役（Corvée）——部落酋长还未成为军事首领的时候，他也是一个平常的居民，从本村中接受一份耕地；后来因为外敌压境，他的土地只有交给全村居民替他耕作，而自己专门担任防守的职务，并且渐渐变成为封君。据哈截苏的报告，俄罗斯每个村落的土地，封君只领四分之一或三分之一，交由全村居民去耕种。

当封君和教会的产业扩张时，他们所具有的农奴还不足以耕种其土地，则只有交给自由的农人村落去耕种。耕种者无论是自由人或农奴，他们对于封君的劳动时间是有定的：大部分劳力是耕种封君给与的自己的土地；小部分劳力是耕种封君领有其收获的土地。

在商品生产与商业还未发达时，封君与农人成为自己供给一切需要的制造家。封君的宫殿和教堂里面都设有制造一切需要品（自武器农具以至衣服等）的工厂。农人和他们的妻女，每年都要在这些工厂里面做一定日数的工作。妇女的工厂由宫娥管理，并取名为奇尼西亚（Gynecia）。教会里面也有同样的女工厂。这些女工厂不久便变成为封君牧师及其臣仆的公娼室。奇尼西亚的名词简直与卖淫同其意义。

家臣与自由农给封君耕作的劳动时间，开始是很少的：某几处地方，每年不过三日；有几个王国也不过规定每年十二日。农奴的徭役虽然比较繁重，然每个星期通常亦不过三日。农奴得享用封君一部分土地，只要不被驱逐；此外对于封君的收获和牧场皆占有一部分的权利。

收获之宣告（Bans de Moisson）——集产村落社会之劳动纪律，以上既已说过，收获和播种的日期是由长老会议规定的。这种习惯，在封建社会里面还是保留，不过其权限由长老会议而移于封君。一切谷物、小麦、牧草、葡萄园的收获，皆须由封君宣布时日。这不仅是一种形式，乃是一种经济上的利害关系：比如某个封君要使他的收获早于邻近各村落的收获而在市场上占优势，则他的播种与收获的宣告，都要早于别的地主。

公用租借（Banalite）——前面已经说过，在集产村落里面，有些职务是由公众设置并由公费维持：比如牧人和匠人等皆由全村雇用，而公共熔铁炉、屠场、手磨、兽栏等都是共同使用的。这种习惯，在封建社会还是保存；所以公用租借制也还带有原始共产制的意义。这种制度也是建立在经济的必要上面的：比如为减少燃料计，所以设立公共面包灶，使每个家庭不要另起炉火。维持并看管这公用面包灶的责任，以前是属于长老会议，以后是属于封君。凡使用这公共面包灶的，都要征收少许的税额：照 1223 年勒姆（Reime）总教主的法令，凡每灶烤三十二个面包的，应缴纳一个面包做租税。照阿奇斯（Boucher d'Argis）所引 1563 年和 1673 年的法令，凡使用公用手磨的，缴纳其所磨小麦十六分之一与十三分之一。然而这样的制度很能阻碍商业和个人营业的发达，所以只有在商品生产还未发达的时代才能存在。1789 年，法兰西资产阶级的革命后，便正式宣布废除这些封建制度的束缚了。

教堂（L'Église）——凡被乡村人民所供养与爱戴的牧师，他们与人民之间建立一种密切的关系，造出许多仪式与宣传的方法以系人民的感情，并且帮助人民以对抗封君。牧师与人民间的联合，显然足以表示教堂所具有的性质。教堂本来是牧师、封君和农人的共同财产；不过后来才成为教会专有的财产，除却祷告时间以外，便关门闭户不许人民进去。中世纪教堂上面的钟楼，本是专为农人预防火灾、惊告劫掠及召集会议之用的；所以 17 世纪和 18 世纪法兰西的司法文库里面，常常发见农人控告教堂不许其使用钟楼的案卷。

什一税（La dîme）——什一税是教区居民付给教士的工钱；它同各种封建的赋税都是用农产品缴付的。这种税的轻重，是以收获的丰歉为比例。资产阶级革命后，这种税由教会移于国家，而叫做租税（impôte）；无论收获的好歹，租税的征收是一样的，这是租税与什一税不同的地方。

这种帮助教会的什一税，原先本是随意的；但后来成为一种强迫的义务。所以封建时代的俗语说：土地没有了，什一税和负担也没有了。什一税一经成为官式的权利之后，世俗的封君也征收起来，于是农人的负担增加两倍。

封建制度发达到一定程度，封君对于他的家臣、自由农和农奴便停止其保护地位而居压迫地位；对于人民强征暴敛，以扩大其封建的财产。如英格兰和苏格兰的封君，用野蛮敏捷的手段，把乡村农人的土地没收得干干净净。（参看马克思《资本论》二十七章）这个时候，封建诸侯已成为破坏共同财产的蟊贼，与从前的性质完全相反。

封建贵族霸占村落的土地常常使用种种的方法：他们或托词于农人占有土地不合于他们的财产名义；或主张变更财产的权利而没收土地上一切剩余的利益；或用暴力破坏以前的契约，而使农人从此以后不得具有土地。

然封建财产的特性，始终不是自由的和个人的，但是家族的；所以既不能买也不能卖，每代封君只有实际享受其利益而担负遗传于其后嗣之责任。教会财产的性质也是一样的，虽然不是属于世俗的家族，却是属于加特力教的大家族（贫人、牧师、尼姑、教主等）。教会财产超出于租税范围以外，所以献地之农人愈多；直到资产阶级革命以前，神圣的财产是超越于世俗的财产以外的。

村落土地虽被封建贵族所没收，然共同使用的古风并未斩断；谷物收获以后，土地又向全村居民所有的牲畜公开而复成为共同的财产。葡萄园也是一样的；山林川泽的共同使用也是保留的。这些遗习，直到资产阶级革命后才完全推翻；所以惟有资产阶级是土地私有财产的创造者。

第十三章

商业之起源及小工商业之发展

前面已经说过,动产发达,一面产生劫掠业,别面产生商业。由商业的发展,又产生近世劫掠的资产阶级社会,这是很值得注意的。

在自给经济时代的集产村落里面,本来没有商业的地位;当分工在这社会内部初起时候,不过采用一种换工制(É change de services):如农人给铁匠织匠耕种土地,而铁匠织匠给农人打铁织布。至村落间的交换,不过在一定的时间由各村落的族长做经纪以交换各自剩余的物品。但动产发达城市勃兴的时候,逐渐形成一种商业阶级,专从事于城市间和城市与乡村间的交换事业。这种商人阶级,人们最初是很鄙贱的(印度中间人的阶级叫做贱族),视它如同盗贼;然而它卒于不声不响之中,隶属一切生产者,夺得全般生产的支配权。它的性质原来便是两种生产者间的居间阶级,两种生产者都由它盘剥与掠夺。

初步的商业是物物交换,对方需要何种物品,都由双方的商人去选择。最初是用牲畜做交换价值的标准,复次是用金银的重量做标准,最后才用铸成的货币做标准。金银货币成为一切商品的商品;这种商品,其中包含一切事物的潜伏状态,它的魔力足以转变一切事物的志愿。

　　自给经济的村落社会，除却几种匠人外，无须与外界发生关系。然外来的匠人，最初也是不许入境的，只容许他们住居于村落的边境和城寨以外；在必要时虽准其入城，然居留时间通常不过一年一日。但这种限制是不可以永久的，所以匠人居留权随时扩张，渐渐得受村落一土一屋以为公众服务；公众替他耕作土地，每年给他以粮食。他若解除公众职务的时候，村人对于他的制造品是要随时以谷物去交换的。

　　在地当要衝的村落变成为城市之后，城市居留权是很不容易获得的；要获得这种权利，便应缴纳一定的年金。凡属新来的人，不在农地分配，共同使用，以及城市一切公众机关之列。这些权利只有最初占领此土的人们之后裔才得享受。这些后裔，不久便形成为特权团体、贵族社会、豪强城邑，以至封建的贵族政治；而在别一方面与他们相对抗的，则有各种各色的手工匠、外来人、没来历的人。他们为保卫自己对抗豪强贵族封君的继续暴敛计，便组成了各种各色的行业社会（Guild）。这样城市居民的划分，为中世纪全时代阶级争斗的源泉。后来城市既成为生产交易以及增殖流动财富的积极中心，封建财产的范围遂扩张于乡村一切集合财产的上面，而为后来资产阶级的财产做了一个大准备。

　　城市有由村落变成的，也有由各种匠人聚集而成的。河口或交通方便的地方，匠人们每每从各方跑来，以交换其制造品和必需品；这种地方不久便成为市场：开始是暂时的，后来遂成为永久的。在这种市场中，不仅各种匠人间互为其需要而互相服务，并且在市集之日（Jours de qoire）趸卖其制造品于外来的商人及与邻近各村落的农人互相交换。

　　由此手工业便要逐渐变更其性质，而匠人们也开始从贱民的地位中解放出来：村落社会，不仅轻视商人，而且轻视工匠，因为工匠多半是没有来历与谱系的外人，所以村落容纳工匠居住之屋叫做贱民之屋（Maison du client）。现在贱民的地位是增高了，他预先制好一些工业品，堆积于自己的小店子里面，只等外来的原料来和他相交换。从此以后，他再也不须人家有求于他才去制造物件，而是预计售出之可能而制造物件。从此以后，他于生产者的资格上又加一商人的资格；他把买进的原料制造之后，卖出的时候又变成为三倍的价格。由此，他的小店子自然也要扩大起来，而组合一些的学徒和伙计做他的助手。为购买原料与给付工钱（给与在店主管理下做工作的工人）计，他不得不领有其剩余价值；但这种剩余价值的量是很有限的，雇用的工钱劳动者也是很少数的，所以他决不能成为资本家（至多只能说是资本的萌芽状态），他还要同伙计学徒们一样的劳动。

行会的组织，一面是反抗城市专利的贵族，别面是防止同业间的竞争。行会最初的性质，是完全平等的，并向一个地方的全体劳动者公开；后来因为利害的关系，逐渐采取防止生产者和生产品过剩的方法而兼调节生产机关之作用，所以每个行会只坚紧的团结每一业的工人，而严格限制其同业的人数。不仅如此，工具和生产方法的发明与变更，也要严格禁止。每个行会有每个行会的特性，对于全体会员有严格限制其工作之责：比如同属于靴匠工会的人员，做新靴的只准做新靴，修理旧靴的只准修理旧靴。至此行会完全成为一种贵族的组织。

关于卖货的习惯，也有许多嫉妒的规定：到了市集之日，人人皆须遵守固有的习惯，卖货的人不许在街上牵拉行人，要任行人走到他所选择的货摊去买货；若行人已跑过这个货摊而这个货摊的主人越界去兜揽时，便要受严格的处罚。

然而从矛盾方面看来，个人主义的生产，反能在这样的行业社会里面尽量的存在。中世纪的匠人是一个综合的劳动者：他一方面是生产者，别方面是售出者；一方面是体力的劳动者，别方面是智力的劳动者（如管理生产等）。他单只有依靠几种工具和一种生产便能到处生存。不仅个人可以独立生存，就是城市与乡村也可独立生存。在中世纪的整个时代中，每一省，每一城市，每个村镇，每个封建的田庄，以及每个农人们的住居，莫不年年具备全体居民所必需的粮食与副产品；他们所售出的不过是剩余的谷物，所购入的不过是农具和奢侈品。至于消费品的输入，是没有这样一回事的。所以中世纪的城市，在经济上都是自主的，故各城市都能孤立自存；并且在普遍的相互间的战争中，形成一些小的国家。

当战败者灭亡，相互间的战争停止后，土地皆归战胜者所有；战胜者要得人民的欢心，必尽可能的建立道路交通上的安宁。由此城市间和各省间和商业大发达，市场大扩张，而形成为手工业的中心。比如 14 世纪干德城（Gand）纱罗织业的劳动者竟达五十万之多；商业之盛，可以想见。商业这样的发达，封建城市的社会组织根本的动摇起来。

第十四章

近世资产阶级财产之发达

自 15 世纪末，印度航路和美洲发见后，墨西哥和秘鲁的金子流入欧洲，因此创立一种太平洋上的商业，而使土地财产的价值日益跌落，并且给资本主义的生产以决定的动力。由此遂开一近世的大革命和阶级争斗的新纪元。

自上述新地方发见后，欧洲的工业制造品陡然增加并创立一些广大无垠的新市场与殖民地，然崛起的新人物并不属于行业社会，但是一些运用资本经营商业与生产事业以起家的制造家。他们不仅不遵行会的旧规与约束，而且完全违反行会的生产方法而建立新式的生产方法；生产量与雇用工人的数目，丝毫不受行会的限制。然而他们的制造厂，因为行会工人的严厉反抗，在各城市里面都不容许他们设立；他们只得逃到既没有城市贵族又没有行会组织的郊外、乡村，以及新辟的地中海沿岸各地方去设立。所以巴黎和伦敦城外的圣安敦（Saint-Antoine）、威斯门特（Westminster）和苏瓦克（Southwark），便成为他们破坏行会和推翻小手工业的阴谋策源地（他们设立一些制造厂于这些地方）。

但新市场不停的扩张，制造业又不能应付其需要；于是大机器与蒸汽机发明，遂完全成功了产业革命；由此近世的大工业又夺了制造业的地位。近世大工业的特性，便是把一切散漫的生产手段和劳力集中于极少数人和大都市里面，吸收极丰富的剩余价值，迅速的积聚并发展其资本。

大工业既不须攻击行会的组织，也不须反对手工匠的主人之特权，它只用很有利的方法根本拆坏一切旧生产方法的墙脚，如使劳力极其集中，规模极其扩大，工钱极其增高。此外更破天荒的采用极其精细的分工制，使工匠熟练的技能降到至低限度，而生产力反因此异常的增加。如从前的针匠，每人擅有制造一口针的全部技能；现在一口针分为二十种工作，每一种工人只知道一点极简单的技能。由此工人的个性与独立完全破坏，而成为极单纯的附属的机械，离开他的厂主的工厂便不能生产。至此生产成为集合的事业，以前个人主义的生产完全归于破灭。

大工业一方面破坏小手工业者个人主义的生产，别方面又要影响于乡村的农业生产。以前生活于乡村和小市镇的小手工匠，人人都有一个屋子和一块小小的土地；他们在一年之中，有几个月是做工业劳动，有几个月是做农业劳动。到了大工业发达，把这些小手工匠脱离自己的土地或大地主的土地，抛弃农业的劳动，而集中于城市的大工厂里面。乡村人口从此减少；大地主从此日受打击而不胜其苦恼。然大工业一面夺去农业的手臂，同时又要求农产品增加以供给新组成的城市的人口。由此又发生资本主义的农业。

中世纪的城市是一种独立的经济单位；城市间的商业是偶然的，并且限于很少数的奢侈品。资本主义的生产发达到一定程度的时候，破坏这种独立的经济单位，涣散各种行会，而把许多孤立的地方集中为一个或几个大区域，以便利于他的大规模的发展。从此，每个城市或每一省的生产，决不限于单只制造供给自己居民所需的物品，外国和海外各民族所需要的东西都由他制造起来。

从前的经济单位是复杂的，凡属居民所需要的各种生产事业都集中在一个城市里面。近代的经济单位是简单的，每个城市只有一种主要的大工业以及几种补助的工业。各种大工业的城市，不仅不能独立，而且互相密切的依赖；这个城市若没有其余各城市的物品的供给，便不能生活一个星期或一个月之久。不仅城市之间如此，就是资本主义的国家之间亦然。资本主义的国家，各有其社会生产的特性，比如甲国产煤乙国产铁，甲为工业出产国乙为农业出产国，则两国间互相需要的关系必密切而不可分离。所以资本主义的发达和旺盛，不仅建立在工厂和城市的分工上面，而且建立在国际的分工上面。

资本主义经过长时间的发展，连续不停的改革生产和交通的方法，于是完全破坏了地方的、城市的和国家的经济单位，而代之以国际的经济单位。由世界市场之不停的开拓，遂使资本主义的生产发达至于极点。资本主义在百余年中所创造之各种伟大的生产力，比以前一切时代（自原始共产时代以至封建时代）的生产力之总和不知超越若干倍。机器的发明，各种自然力的征服，化学工业的应用，大农业的发达，轮船火车的便利，各大陆的开辟，桥梁水道的建筑……好像魔术家使用魔术，把人们陡然换了另外一个天地，不但可使冬季变热、夏季变冷、各大陆之距离缩短至于至低限度，而且可使中国农人因外国商品的输入而破产，上海金融要视伦敦、纽约的行情为涨跌。

但这样伟大的生产力一从封建的束缚中解放出来掀天揭地的发展之后，魔术师似的资本家再也不能驾驭或调节这种莫可思议的势力。由此，商业恐慌和工业恐慌定期而来，如瘟疫一般，起于一隅，即要轮流传染全世界。这种经济恐慌每起一次，不仅糟蹋许多生产品，而且要糟蹋生产力的本身，每国失业的工人动以几十万至七八百万计算。各国资产阶级要解决这种难题，只有准备异常强大的武力去争夺殖民地；但新的征服事业愈多，即新的经济恐慌愈益严厉；而资本国家之间的战争，势非使资本主义根本破灭不止。于是人类的历史又朝着共产主义的方向进行了。

第三篇
国家之起源与进化

第一章

伊洛葛人之氏族社会

国家这种东西：有些人视它为神圣，有些人视它为万恶的渊薮，有些人以为它是由几个野心家设立的，有些人以为它是从有人类以来便有的，有些人想在二十四小时内把它废除，有些人想把它维持到万世万万世。这样主观的歧异意见，此处可以不必骤然下论断；但逐章揭橥客观的历史的事实，使学者既明其本源，复知其究竟。

摩尔根说：假定人类的生命到现在有十万年，大约其中有九万五千年是行过共产制的时代。这句话初发表时，未免太惊骇了资产阶级的学者。其实并没有什么稀奇：原始时代各种幼稚的生产方法是自然而且必然的历程，所以原始共产社会也是自然而且必然经过的阶级。这在以上各篇已经详细阐明了。

在原始共产社会（村落集产社会不过是它的变形）中，既没有国家，又没有政权，惟一的组织只有：氏族。所以书契以前完全是氏族的历史，书契以后完全是国家的历史。然而国家并不是忽然从天上落下来的。所以与氏族之间必有一定蝉递的关联，今欲明了这种关联，势必再举摩尔根别一种重大的发明——即伊洛葛氏族社会——于本篇之首：

美洲印第安人每个种姓族内部有几个以兽命名的血族团体，与希腊的 Genea、罗马的 Gentes 性质是一样的；不过印第安人的形式是原来的形式，希腊罗马的形式是后来转变的形式罢了。并且希腊罗马原始时代的社会组织，如氏族之上有宗族（Phratrie），宗族之上有种族（Tribu），现在在美洲印第安人中恰好发见了惟妙惟肖的同类组织；更进一层追溯我们今日的根源，则这类组织乃是一切半开化民族至文明初启时的共同构造。自从摩尔根在印第安人中获得这种例证，于是希腊罗马上古史中各种极难索解的部分涣然冰释，并且同时使我们对于未有国家以前原始社会制度的根本性质格外的明了。

第一篇已经说过，氏族是由伙伴家族产生的，伙伴家族是氏族集合的原始形式。伙伴家族是由一些伙伴结婚的人们组成的，因为在这种家族形式里面父性不能确认，所以一个种族的后裔只能认同一母亲为元祖，而这个母亲即为氏族的创造人。兄弟们不能在自己氏族里面同他们的姊妹们结婚，他们只能跑到别的氏族里面和别的氏族的女子结婚；他们和别的氏族女子生下来的儿子，按照母权，只能属于别的氏族（妻的氏族），而不能属于自己的氏族。所以无论那个氏族里面只能保留每代的女性后裔；至于每代的男性后裔总是属于其母的氏族。

人口不停的增加：于是由原始的母氏族（Gens-mère）发生一列姊妹氏族（Gens-cousines）；又由姊妹氏族发生一列女氏族（Gens-filles）；由此兼摄几个氏族的母氏族形成为宗族，综合几个宗族又形成为种族。然而在一个种族中，发生一些同类的血族团体之后，将怎样的区别呢？摩尔根乃以伊洛葛和西尼加斯族的氏族为原始氏族的典型。在西尼加斯族中有下列八个氏族，每个以兽名或禽名名之：

　　　　第一个氏族叫做——狼
　　　　第二个氏族叫做——熊
　　　　第三个氏族叫做——龟
　　　　第四个氏族叫做——海狸
　　　　第五个氏族叫做——鹿
　　　　第六个氏族叫做——山鸡

第七个氏族叫做——鹭鸶

第八个氏族叫做——鹰

每个氏族遵守下列的各种习惯：

（一）每个氏族选举一个平时的首领和一个战时的首领，平时的首领叫做萨响（Sachem），战时的首领叫做酋长（Chef）。萨响是要在氏族以内选举的，其职务是世袭的；不过此处世袭的意义并不是传位于其子孙，只是缺出的时候又从新选举。酋长是可在氏族以外选举的，有时并可虚悬而不必举人。伊洛葛人中，母权就盛行，前任萨响的儿子决不能被选为萨响，因为他的儿子是属于别的氏族。每个氏族中，一切男女皆与选举。但选举的结果须由别的七个氏族批准；批准之后，被选举者由伊洛葛全体联合会议举行盛大的仪式任命之。萨响在氏族内部的威权是纯粹道德性质的尊严，并没一点强制的方法。职务方面，如西尼加斯的萨响，他是西尼加斯族的种族会议之一员，又是全伊洛葛各种族联合会议之一员。至于酋长，不过在战争发生的时候，才得发号施令。

（二）每个氏族可以随意废除其萨响和酋长。在这样情形中，男女全体又来从新投票选举。但被废除的萨响或酋长便成为单纯的战士，如别的战士或剥夺公权的人一样。此外，种族会议也可以废除萨响和酋长，又可以反对氏族的意愿。

（三）氏族内部严禁通婚。这是氏族的根本规律，氏族的关系特此才能结合。伊洛葛人关于氏族内部结婚的禁止，严格的维持而莫可侵犯。摩尔根发明这种简单的事实，要算是第一次揭露氏族的真性质。

（四）死者财产只能遗于本氏族的人员；财产不能出氏族。死者若是男子，其财产由亲近的氏族人员——如兄弟姊妹及母的兄弟等承继分配；死者若是女子，则由她的儿女和她的姊妹承继分配，但她的兄弟则除外。同样的理由，夫与妇彼此不能承继财产，儿女也不能承继父的财产。

（五）全氏族的人们是互相援助互相保护的，对于受了外人欺侮的报复行动尤其是要帮助的。每个人都有尽力保护自己氏族的人员和其安宁之义务；纵然损伤全氏族也在所不惜。由氏族的血脉关系而产生复仇的义务，这是伊洛葛人绝对公认的。若别氏族的人杀了自己氏族一个人，全氏族的人皆须起来为之复仇。但是开始必有人出来谋调解；由凶手的氏族召集会议，向牺牲者的氏族提出和解条件，通常是提供一些道歉的表辞和重要的礼物。如果这些条件由牺牲者的氏族接受了，事情就没有了；如果不然，则牺牲者的氏族指定一个或几个复仇者去寻找凶手而置之死地。这样被处死的凶手，他的氏族对于他不能有所惋惜；如果是这样的情形，便算适当了事。

（六）氏族具有一定的名称或一列的名称，但只能应用于种族以内；所以个人的名称即随其所属的氏族名称为标识。氏族人员的名字与氏族人员的各种权利是有密切关联的。

（七）氏族内部可以容收外人，又可使之接近全体种族。这种方法业已成立：战俘不置之于死而容收于氏族内部使成为西尼加斯族的人员，并在实际上使之同样享受氏族和种族各种充分的权利。容收外人，开始是由于氏族人员个人的建议：建议容收之人若是男子，则以其容收之人为兄弟或姊妹；建议容收之人若是年长妇女，则以其容收之人为儿女。个人的建议，必得氏族的批准；批准后，必须于氏族里面举行庄严的容收仪式。常常有些孤单的氏族，人口格外稀少，但是容收别个氏族一群人员之后，又可从新巩固；不过这样大群的容收，须预先商得别个氏族的同意。在伊洛葛中，氏族里面的容收仪式是在种族会议的公开会场中举行的，实际上乃是一种庄严的宗教典礼。

（八）在印第安人中存在的各种特殊宗教典礼，是不容易说明的；惟印第安人各种宗教仪式多少系连于各氏族。伊洛葛人通常每年有六个节期，各氏族的萨响和酋长例担任这些祭祀，而执行各种神父的职务，因为他们是伊洛葛人的忠实保卫者。

（九）每个氏族有一个共同的坟墓。这种共同坟墓现在在纽约的伊洛葛人中已不存在了，因为纽约现在已是文明人的世界，但从前是存在的。至于别的印第安人如都斯加洛拉人（Tuscaroras）中，共同坟墓还是存在。共同坟墓中，每个氏族有个一定的排列，每个排列以母为主，而其儿女挨次旁葬，但是没有父亲。在伊洛葛中，死者下葬时，全氏族送之，并宣读一些悲痛的哀词。

（十）每个氏族有一个氏族会议。这个会议是由全氏族的壮年男女组成的，是一种纯粹德谟克拉西的会议，男女有同等的投票权。

由这个会议选举或废除萨响和酋长；同时又由这个会议选举别的忠
实保卫者；为一个被杀的氏族人员复仇时，决定血的价格的，也是
这个会议；批准外人加入氏族的，也是这个会议。简单一句，氏族
的主权属于氏族会议。

这就是古典的印第安人一个氏族的各种职务。一切人员都是自
由的个体，彼此互保其自由；他们都具有权利平等的人格，无论萨
响与酋长，都没有什么特权可觊觎；他们由血脉关系的联合，形成
为一友爱的集合体。自由，平等，友爱，决不是一些形式的设定，
但是各氏族的根本原则。这些原则自然的流行成为一切有组织的印
第安人的社会基础，和一切社会制度的本位。在美洲发见的时候，
北美一切印第安人才组成为一些母权的氏族。只有很少几个种族，
如达加塔人（Dacatas）的氏族已经消灭了；此外还有某几个种族，
如乌及瓦人（Ojoibwas）、乌马哈人（Omahas），则已组成父权的氏
族。

在多数印第安种族中，每个种族包括五个或六个以上的氏族；
而三个氏族或四个氏族（或四个以上）又集合为一种特别的团体，
摩尔根沿用希腊的旧名，把印第安人这样集合的特别团体忠实的译
为宗族。如西尼加斯族有两个宗族：第一个包括一个到四个氏族，
第二个包括五个到八个氏族。这些宗族——通常总是代表些原始的
氏族，一个种族开始就是由这些原始的氏族分裂滋乳而成的。因为
氏族内部禁止结婚，每个种族至少必须包括两个氏族才能独立的存
在。种族的数目陆续增加，每个氏族又分裂为两个或几个氏族（当
她们的每一个氏族成为特别氏族形态的时候，即从母氏族分裂出
去），原始的氏族（母氏族）乃兼摄几个女氏族而为宗族的存在。在
西尼加斯和大部分的印第安人中，一个宗族之下的几个氏族，它们
皆为姊妹行，所以她们之间成为姊妹氏族；而别方面的一列氏族，
便是它的表姊妹氏族（Gens-cousines）。原来西尼加斯人，没有一
个准在宗族内结婚；然而这种习惯到恰当的时候便抛弃了，乃只限
于氏族以内不准结婚。据西尼加斯人中的传说，熊与鹿是两个原始

的氏族，其余的氏族是由这两个氏族分裂出来的。

宗族的职务，在一切伊洛葛人中，一部分是社会的，一部分是宗教的：

（一）各宗族间常举行竞技游戏。每个宗族争先选出最好的技手，其余的人皆为观看者。每个宗族的人们站做一列，他们之间互赌胜负。

（二）在种族会议中，每个宗族的各萨响和酋长都有共同的坐位；通例总是分为两列面对面的坐着，每个演说家代表每个宗族说话。

（三）假若一个种族中出了凶杀案，而凶手与被杀者不属于同一宗族，则被杀者的氏族乃讦告于她的姊妹氏族；姊妹氏族乃召集一个宗族会议，并通知其余各宗族，最后乃开一联合会议以调处其事。

（四）一个宗族的著名人物若是死了，对方的宗族须为之担任丧事和殡仪的组织，而死者宗族只传达悲哀。若是一个萨响临死的时候，对方的宗族即须向伊洛葛联合会议通告缺职。

（五）当一个萨响被选举的时候，宗族会议例须干与。一个氏族选举的结果，虽经姊妹氏族考虑批准了，但别个宗族的各氏族还可提出抗议。在这样的情形中，宗族会议又须开会，抗议若被赞成，则选举作为无效。

（六）伊洛葛人中有些特别的宗教的奥术，行奥术的会社，白种人叫做医寓（Medicine-lodges），行奥术的人，白种人叫做术士（Medicine-man），因为实际上就是一些驱邪治病的人。西尼加斯的两个宗族，每个宗族有一个这样的宗教会社，其中的术士是很有名的，他们对于族内的新人员，有启发的法定权利。

（七）当美洲被征服的时候，有四个宗族分居于特拉斯加拉（Tlascala）的四个营屯里面，由此又可证明宗族为一军事的单位，也如上古希腊及日耳曼民族中的军事单位一样；四个宗族的每一个去赴战的时候，犹如一个支队的编制，且有一面特别的旗帜，服从自己的酋长之指挥。

照规则的编制，几个氏族组成一个宗族；同样，几个宗族组成一个种族。但是有时候在很弱的各种族中，人数不多，则宗族一级也可以缺。

上面所说的是印第安人氏族和宗族的特性与职务，以下是种族的特性与职务：

（一）每个种族有一块自己的地盘并且有个特别的名称。每个种族于日常居住的地方外，还具有一块重要的渔猎土地。邻近各种族的交界具有一带广大的中间地带。邻近各种族特有的土语是各不相同的。

（二）每个种族各有其特别的土语。实际上，一个种族一种土语乃是一种重要条件。随着种族的分化，一些新种族必和一些新土语同时形成，这样的事实最近还在美洲进行而莫能完全停止。也有两个亲近的微弱种族合并为一个的，故在同一种族中也有说两种土语的，不过是极稀少的例外罢了。印第安各种族平均的人口，大约一个种族有二千人；合众国中，人口最多的印第安人要推柴洛葛种族（Tscheroquois）——约有二千六百人，然皆说同一的土语。

（三）各氏族选出的萨响和酋长，任命的权利属于种族。

（四）种族有罢免萨响和酋长的权利，又有权反对氏族的意愿。萨响和酋长都是种族会议的会员，关于种族的各种权利便是由他们自身去解释。各种族联合起来又形成一种各种族的联盟，以联合会议为代表机关，各种不能解决的权利问题皆可移于这个联合会议去解决。

（五）各种族具有一些宗教思想（神话）和共同礼拜的祭仪。印第安人，可说是半开化状态的宗教民族。他们的神话还没有何种批评研究的对象。他们在人类的形式之下，想象一切精神，以诞生其宗教思想；但是他们还在半开化初期的程度，所以还不知道崇拜偶像以为具体的表记。在他们之中有一种自然的宗教并且很初步的向着多种神教进化。各种族各有特别的节期，每个节期有一定的仪式，特别是跳舞和游戏；无论在何处，跳舞成为各种宗教祭祀的主要部分。

（六）一个种族有一个种族会议以办理一个种族的共同事务。种族会议是由各氏族的萨响和酋长组成的，他们是各氏族的真正代表，因为他们是随时可以撤换的，种族会议是公开讨论的，凡属种族中的人员在会议中皆有发言权，并有权使会议谛听他们的意见，然后由会议取决。按照一般的规则，凡属与会的人都是要求听取他的意见的；妇女有意见的，也可在会议中选择一个男演说家说明她们的意见。在各种伊洛葛人中，最终的决议是要一致通过的。种族会议是要特别担任规定与外族之各种关系；接待或派遣代表，宣战与媾和，都是种族会议的责任。战争是否要爆发，通常总是看种族会议的意愿何如。通例，每个种族如果考虑它必须与别个种族发生战争的时候，种族会议便不会有媾和的表示。这类出征敌人的军人，大部分是由一些著名战士组织的；这些著名的战士踊跃赴战，无论何人都可宣言加入，参与战争。远征队一经成立，便即动员出发。在这样情形之下，被攻击的种族便要立刻募集志愿队，执行防守土地的职务，这类军队的出发与归来，通常总要举行公众的大祭典。远征队是不能受种族会议的节制的，所以既不要由它发令也不由它要求。这类队伍，人数是很少的。印第安人极重要的远征队，每每人数很少，而散布的距离极大。当几个队伍集合时，他们中的一个只服从自己的酋长；作战计划的单位，是由酋长会议随意决定的。

（七）在很少几个种族中，也有萨响兼酋长的。然而其职权是很薄弱的。在情形紧急要求一种迅速行动时，萨响中之一个，也可在会议召集前采取一些临时的办法或最后的决定。在这样情形中，只有一个职员有执行的权力，由此遂产生最高的军事司令（不是种种情形如此，不过大部分如此）。

大多数印第安人，因为种族的集合，不能跑开太远。然亦有很少几个种族，由继续不停的战争弄得很弱，彼此分散于广大的边境之上，他们以很少的人口占住很宽的地盘。由此，几个血统相近的种族遂发生暂时联盟之必要；在某几处地方，有几个原来血族相近的种族，涣散之后，又从新集合为永久的联盟，并且开始为氏族的形成。在合众国的伊洛葛人中，也发见这类联合的最发展的形式。他们 15 世纪前住在墨西西璧（Mississipi）的西方，大约为达加塔族的一支，他们做了些长期的游历后，乃抛弃从前的地盘，分为西尼加斯、加儒加斯（Cajugas）、乌龙达加斯（Onondagas）、乌内达斯（Oneidas）、马哈克斯（Mahawks）——五个种族，移居于现在的纽约。他们还是过渔猎的生活，具有些粗大的菜园，并住在村落里面，大部分的村落围以巩固的篱笆，他们人口的总数不过两万，他们五个种族中的氏族数目是一样的，他们说同样的语言，土语也极相近。当他们占领一块广大的土地时，五个种族之间便平均分配。他们既得了这个新地盘，乃以他们五族的团结力驱逐原先住在此地的土人；在 15 世纪的上半纪，他们便结合为"永久同盟"。这样同盟的结合，使他们顿然觉到自己的新势力，所以永久同盟便带了积极的性质；在 1675 年的时代，他们极拓土开疆之能事，强盛达于极点。此时伊洛葛人的永久同盟，是半开化初期极发展的社会组织。永久同盟的根本条件是：

（一）永久同盟对于五个种族一切内部的事务，具有充分独立平等的原则。五个种族都是同血统的，所以血统为永久同盟的真实基础。在五个种族中，有三个叫母种族（Tribus-mères），并且她们之间为姊妹行；其余两个种族叫女种族（Tribus-filles）。有三个最老的氏族，在全体五个种族中还有最高的代表资格，其余三个氏族则在三个种族中有代表资格；每个氏族的人员，相互间呼为兄弟，即在全体五个种族之间的人员亦皆呼为兄弟。语言是同样的，仅只土语有点不同。这是原来同种的证据与表现。

（二）永久同盟的机关有一个联合会议，是由五十个萨响组织的。他们一概平列而坐以讨论或考虑各种事情。这个会议，为同盟中一切事务的最高决定机关。

（三）同盟初创的时候，五十个萨响，由各种族各氏族分配，于原来萨响的职务外又加了一些新职务，这显然是由于适应联盟的需要而规定的。有一个萨响出缺的时候，相关的各氏族便从新选举一个以补之。如负这样新职的萨响，无论何时，都可由相关的氏族撤换；但是任命的职权属于联合会议。

（四）联合会议的各萨响，同时又是相关各种族的萨响，在种族会议中有他的地位与表决权。

（五）联合会议的一切决议应一致通过才发生效力。

（六）一切决议案，开始是由各种族投票表决，所以一个议案，要经过每个种族会议的人员全体通过才算有效。

（七）五个种族的每个种族会议，可以提议或要求召集联合会议，但是不能由它本身召集。

（八）联合会议的各场会议都是在会众之前公开的，每个伊洛葛人都能发言；不过惟有会议才能决定。

（九）永久同盟没有独断的领袖人，也没有行政首领。

（十）反之，永久同盟有两个最高军事酋长，两个酋长的职务与权力都是同等的，与斯巴达的两个王、罗马的两个康桑尔（Consuls）差不多。

这样就是四百多年以来，伊洛葛人的政治组织。因为此处有机会供给我们研究国家还未发生以前社会组织究竟是怎样的形态，故按照摩尔根的研究，将伊洛葛的社会组织，详细描写于上。伊洛葛的社会组织，可看作一切民族未建立国家以前的社会模型。这样的社会组织，以公众权利为骨干，所谓"主权在民""纯粹德谟克拉西"和"自由""平等""友爱"这些话，只有这样的社会组织才合实际而非虚伪。这样的社会组织与公众一般保持密切而不可分离的关系；后来的国家一经建筑于特别的公众权力之上，便与组成它的全体公民分离，而成为多数平民莫可接近的特别强权的集团，与原始的社会组织恰好成为两样。这样的鸿沟，自从有历史以来就画分了的。所以有史以后的社会莫不是阶级争斗的社会；而有史以前的社会，既没有阶级，更没有阶级争斗，如伊洛葛的氏族社会就是显明的例证。

我们研究以上所述北美印第安人各种情形，便知原始氏族社会怎样的建立，种族怎样的形成，怎样的分化，怎样的联合而成为民族，怎样的逐渐散布于大陆之上，以及语言怎样的变化（有时不仅变成不懂，甚至原来的语根完全消灭），母氏族怎样以宗族的形式在种族里面继续存在。狼与熊，在多数印第安种族的氏族还喜欢用这两个名字。以上所述，大概可以说明一切印第安人的社会组织，所不同的，只有许多血族相近的种族还没有联盟罢了。

氏族是主要的社会单位，一切宗族和种族的组织都由这个单位产生出来的。三种组织是一个血统递进的不同团体，虽每个自成一体，自理其各种事务，但又互相联带互相完成。无论在任何方面的民族，我们都可发见氏族为原始社会的单位，并可找出其种族的组织与以上所述的相类似。我们不仅在渊源可寻的希腊罗马中可以发见同类的事实；就是源头湮没，传说不存的各民族中，亦可用伊洛葛的氏族社会为钥匙，以启发各种疑难和隐谜。

氏族社会，是一种单纯而幼稚的组织。它虽然那样单纯幼稚，但是既没有宪兵警察侦探，又没有君王贵族，督军知事，更没有法官监狱和诉讼；然而一切行动，"不识不知，顺帝之则"，各种口角与冲突，由氏族、种族或各氏族开会解决，便可了事；复仇行动不过是极端的方法，应用极少。氏族社会中的共同事务，如家庭经济，是一列家族共同的，并且是共产主义的；如土地是全种族的财产，仅只一些菜园指定属于各个家庭；然而这些共同的事务，并不需要我们今日这样广大复杂的管理机关；各种要管理决定的事情，大都照几百年以来成立的习惯做去便是。氏族社会中，只有共产主义的家庭，既没有特别的穷人，也没有特别的富人；至于老人病人以及因战争而残废的人，氏族对之皆有一定的义务。氏族中，人人都是平等自由的，并没有男女的区别。在以上所述伊洛葛各氏族中，除降服外族的通例外，其中还没有奴隶地位的存在。当1651年，伊洛葛人打败爱利亚人（Eries）时，他们即向爱利亚人提议以平等权利加入他们的联盟；不过因爱利亚人拒绝这种提议，他们才把爱利亚人驱逐出境。

这样可嘉的氏族社会，与我们今日阶级悬殊，贫富不均，法令森严，强权可畏的文明社会显然不同。然而这不过是许多方面的一方面；在社会进化的历程上，我们不要忘记这样的氏族社会是必然灭亡的。氏族社会充其量只能发达到种族——再也不能向前进了。各种族间的联盟——如伊洛葛五族联盟——已经是氏族社会盛极而衰的起点。按照氏族社会的根本法则，凡在种族以外的人，亦即在权利以外。这样的法则，只在各种族孤立而不相接触的时候为适用。若一旦与外族接触，则种族与种族之间势必发生战争；战争的结果——或是完全降服异族，或是有条件的媾和；在拓土开疆的时候——即生产发展的时候，势不宜将降服的异族完全处死，也不能将（凡在种族以外亦即在权利以外的）原则订在和约上面。然则到了这样的时候，氏族的门户是不能不洞开以容纳异族了。氏族社会发展到洞开门户以容纳异族的时候，也便是氏族组织开始破坏的时候。

氏族社会之所以成立及其繁盛，是与原始时代极初步的生产，和扩张到了广大地盘之上的稍强盛的生产有密切关系的。以上所述北美伊洛葛的情形就是明证。原始时代的人们，几乎完全是服从他们所不了解的外部自然界的。这样莫可了解的外部自然界反映于他们的脑中，便形成他们幼稚的宗教思想。种族是团结人们的圈子，又是对付外族的团体。种族与种族的界限是很严明的。种族、氏族以及他们各种组织都是神圣不可侵犯的。这些组织由自然给他们建立一种最高的权威——即族制的权威：每个人在他的感情思想行为之中，都要无保留的绝对服从这种最高的权威而住居于种族或氏族的界限，生于斯，食于斯，共同劳动于是以终其天年。这个时代的人们，在我们看来，都是一样尊严的，彼此之间很少不同的差别；正如马克思所说，他们都是一样的系住在原始共产社会的凹线之下。这是谁给他们系住的？也是自然给他们系住的。所以这样的原始共产社会是必然要打破的。结果，果然把它打破了。这是些什么势力把它打破的呢？不用说是由私有财产的势力，以及一些贪欲、利己心、盗劫、掠夺、强暴、盘剥、吓诈、高压……的可耻方法把它打破的。由此，古朴纯良而无阶级的氏族社会从高坍台而葬于海底，阶级鲜明的新社会遂或迟或早遍涌于全球各大陆之上；而几千年以迄于今日的文明社会，总括一句，不外是最少数人损害最大多数人之偏畸不平的发展罢了。

第二章

希腊人之氏族

希腊人，也如伯拉斯基人（Pelaiges，希腊最初之土人）及其他同类的民族一样，在有史以前的时代都建立过与美洲印第安人相类似的氏族、宗族、种族和各种族联盟的一列组织。在印第安人中，宗族可以缺，在多利安人中宗族也可以缺；种族的联合不是到处都必须形成，但氏族的单位是在一切情形中都要形成的，这也无间于希腊人与印第安人，两者都是一样的。在初入有史时代的希腊人，他们即已发见在文明的门限上面；他们与以上各章所说的美洲各种族之间，殆展开为进化的两大时期，英雄时代的希腊业已走在伊洛葛的前面。并是希腊的氏族，再也不像伊洛葛氏族一样的古老；群婚的痕迹，在希腊也开始大大的涂抹；母系家族业已代以父系家族，因而最近起源的私产也在希腊氏族组织里面开了第一个破口；当相续财富的命运随着父系制的采用转变过来之后，自然接着第一个破口又开了第二个破口。从前婚姻的习惯，氏族内不得结婚，丈夫必须是别个氏族的人；到了初入文明的希腊人，便把这种氏族的根本法完全推翻，他们不仅允许，而且有时为保持氏族（父系氏族）财产计，竟命令少年女子在氏族里面结婚。

照格洛特（Grote，英历史家，1794—1871年）著的《希腊史》，雅典人的氏族特别维持下列团结的状态。

（一）有些共同的宗教的祭祀，并许司祭长老以神名为氏族祖先的冒称之特权。

（二）有些共同的墓地。

（三）相互的相续权。

（四）被侵犯时，有援助、救济、保护的相互义务。

（五）在某几种情形中，氏族内部有通婚的相互权利与义务，特别行之于女相续人或孤女。

（六）在很少某几种情形中，具有共同的财产，连同一雅康与特别会计。

（七）后裔从父权系属。

（八）除有女相续人的特别情形，氏族内部禁止通婚。

（九）氏族有容收外人的权利；家庭也可容收外人，但须以公众的仪式和例外的名义举行之。

（十）氏族有选举与罢免酋长的权利。每个氏族有一个雅康，但这种职位决不是在某几个限定的家庭里世袭的。

然而格洛特对于氏族的研究终归失败。因为他把氏族看成几个家庭的集团，所以对于氏族的性质和起源，完全不能理解。这样失败不仅是格洛特，尼博尔（Niebuhr）、孟森（Mommsen）及其他古典的古代史家莫不如此。在氏族组织之下，家庭决不能为一个组织的单位，因为夫与妻必须属于两个不同的氏族。氏族包括在宗族中，宗族包括在种族中；而家庭则一半在夫的氏族，一半在妻的氏族。即后来国家抬头，公法里面尚不承认家庭，殆到私法里面才承认家庭的存在。然而前此一切历史家的著作，都把下列荒谬的原则当做神塞的原则：即他们把稍微老的文明的一夫一妻家庭，当作是社会与国家徐徐围着而结晶的中心。这样的谬说，在18世纪特甚。

所以马克思说："我们可使格洛特注意：即令希腊人从神话中产出他们的氏族，这些氏族决不会丝毫老于由他们自己造作的神与半神的神话。"

格洛特更进一层说，雅典每个氏族都有一个所从出的假定的远祖之名称；在梭伦前后，死者没有遗嘱时，财产遗于氏族人员；亲族间出了凶杀案时，被牺牲者的氏族人员与宗族人员都有向法庭告发的权利与义务。格洛特并说，雅典各种最古的法律都是建立在氏族与宗族的区分上面。

宗族，如在美洲印第安人中，一个母氏族分出几个女氏族后，它便成为这几个女氏族的连锁，并且它尚往往从一个远祖诞生一切后裔。照格洛特的记载也是一样的："当时赫加德（Hécatée，纪元前6世纪，希腊历史家）宗族的全体人员是奉一个神为他们第十六级的祖先。"然则这个宗族的各氏族，在文字上也是一些姊妹氏族。

希腊人的宗族，在荷马时代还现出为军事单位的面貌。在尼斯铎（Nestor，英雄之一）劝告亚格棉农的著名故事中，还说军队要以种族与宗教为编制，使宗族援救宗族，种族能援救种族。此外，宗族有惩罚戕害其宗族人员的凶手之权利与义务；有时宗族还有复仇的义务。宗族有些共同的神庙与祭祀。宗族有一宗族长（Ph-ratriarchos）和宗族会议，会议有司法行政及号令之权。后来国家成立，还任宗族执行某几种公众职务。

几个亲近的宗族集合起来，便成为种族。在阿替喀（Attigue），有四个种族，每个种族有三个宗族，每个宗族有三十个氏族。至于四个种族怎样（何时？何故？）自然的成立有系统有意识的类似团体，这是希腊历史所不能解答的，只有希腊人自己在英雄时代才保留一点过去的记忆罢了。

聚集在狭小领域上面的希腊人，他们语言的变化，比较的不如散布在广大森林中之美洲人一样发达。我们在希腊只能发现同语源的各种族。其团结的人数非常众多；即使在小小的阿替喀能发见一种特别的方言，然特别的方言后来又成为散文的普通语。

在荷马的一些诗歌里面，我们已发见希腊各种族大概都是集合一些小群成立的，然而在这些集合中，氏族、宗族与种族都还完全保持各自的独立。这些小群已经生活于设了城墙的城市里面；人口的数字是随着畜群农业以发端的手工业之扩张而扩张的。同时，财富的差异，与由这差异而产生的贵族政治的要素，也随着在原始的民主政治内部扩张起来。而各自独立的小民族之间，为占领好地盘和获得战利品的驱使，常常发生不停的战争；于是以战俘为奴隶的事业，遂成为公认的制度。

此时各种族和各小氏族的组织，大概如下：

（一）永久权力机关的议会（Boule）。原始大约是由各氏族首长组织的；后来各氏族的人数过多不得不用选举方法，由此便给贵族政治的要素以发展和强固的机会。据狄尼斯（Denys，奥古斯都时希腊历史家）的记载，希腊英雄时代这种会议，显然是代表贵族们（Kratistoi）的组织。议会为各种重大事务的最后决定机关。随着国家的建立，这种议会后来遂变成为元老院。

（二）人民会议（Agora）。在伊洛葛人中，我们已发见一些男男女女的人民包围着他们的会议中发言，而影响于各种问题的取决。在荷马时代的希腊人，"陪席者"（古代日耳曼裁判所的用语）业已成为人民的普通会议；就是在原始时代的日耳曼人中也是同样的情形。人民会议由议会召集，决定各种重要事务；每个人都有发言权。一切议案由举手表决，或喝采表决。人民会议为最后的主权机关。萧迈（Schoemaun）在《古希腊》里面说："一桩事情要执行时，而人民要求参与执行，我们从未见过荷马说要用什么强制方法，违反人民的意思。"在这时代，种族的全体壮年男子都是战士，还没有什么离开人民的公共权力可以强制人民。此时原始的民主政治尚未荣盛，并且应以它为判正议会与军事首领的权力及地位为起点。

（三）军事首领（Basileus）习惯为君主臣仆的欧洲学者们，总是把希腊的"巴士留"译成为近代世袭君主的意义；摩尔根与马克思根据他们的研究，是极力反对这种观念的。在伊洛葛人和其他印第安人中，最高职位的世袭意义，我们在前面即已说明：一切职任都选举的，大抵都在自己氏族里面选举，并且在自己氏族里面世袭。如在空位时，则再举同氏族最亲近的人（如前任萨响的兄弟或姊妹的儿子）继任；在没有避开以上亲近人员的理由时，即可顺次选出。纵然希腊在父权势力之下，巴士留的职位，照规矩要传于其儿子或其儿子的某一个，然这只能证明其儿子有由人民选举以继任的或然性，决不能证明无须人民选举即有世袭的权利。这样情形，在伊洛葛人和希腊人中，只能视为氏族里面已发生特殊贵族的最初萌芽；纵然此时希腊人的程度已高过伊洛葛，也只能视为将来的元帅或君主的最初萌芽。所以在希腊人中，或然的事情只有这样：巴士留或者是由人民选举，或者是由人民公认的机关（议会或人民会议）任命——而且他实际行事时可以如罗马的王（rex）一样。

在荷马的伊利亚叙事诗中，人民领袖亚格棉农，并不像希腊最高帝王的态度，不过是一围攻特罗雅城的联军司令。这个资格仅被叫做——幼黎斯（Ulysse）。当联军发生内讧时，希腊人有句名言："许多司令同时指挥是不好的，应当归一人发号令。"可见当时亚格棉农的权力，并不如帝王之大。幼黎斯关于军事的计议，也没有什么政府形式的会议，不过由他要求人们服从战时司令的号令。在特罗雅城前的希腊人，不过现出为一军队，一切事情都要很德谟克拉西的经过人民会议。当亚基利在军中论战利品的分配时，既不是由亚格棉农担任分配，也不是由别一个巴士留担任分配，但是由"亚根（Acheens）的儿子们"自己分配，即人民自己分配。

各种军事职务之外，巴士留还有些宗教和裁判的职务。司法的职务是无定的：至于宗教的职务，则只有他为种族或各种族联合的最高代表之资格。至于政治上管理上的职务怎样，此时还没发生这个问题。然而巴士留，按照他的职任还是议会之一员。所以把Basileus翻译为Koenig（英文King是从此字变的），在语源上并不错误，因为Koenig是从Kuni，Kiimere出来的，意义为氏族的族长。但古代希腊的巴士留与现今王字的意义决不符合。都昔第，还明白的称古代Basileus为Patrike，就是指明巴士留是从氏族出来的；都昔第还说，巴士留有些规定的权能，这更足以证明他的权能是有限的了。亚里士多德也说，巴士留是指挥自由人的司令，又兼裁判者和大司祭。然则他没有如后世王者一样的统治权的意义，是很显明的。

由以上所述，我们一面可从英雄时代希腊的构造中看出氏族的旧组织还有些活气，但别方面我们又可看出它的崩坏的发端：以男子相续为附随的父权制，足以促进个人家庭财产的积聚，并使家庭成为与氏族对抗的势力；贫富的差异反映到政治组织上面，便有世袭贵族与王族的萌芽之形成；奴隶，开始不过包含战俘的全体，但渐渐在同种和同氏族的"自家人"之中也开了一个隶属的远景；往昔种族与种族的战争，业已变成为组织的掠夺事业。在海上与陆面都以掠夺牲畜奴隶财宝为目的，并且成为正规财富的来源。简括一句：财富已成为很受尊重的东西而被人们视为至宝；氏族的老组织要为强抢来的财富赃品作辩护，便根本变坏了它的性质。

然而人们至此还缺少一种这样的制度：这制度不仅要能拥护个人的新财富以反抗氏族共产制的遗传，而且要使原来很被轻视的私有财产神圣化；不仅要使这神圣事业成为人类社会的最高目的，而且要以一般社会的名义，使次第发展之各种获得财产的新形式为法律所确认。换过说，这制度不仅要能永续社会阶级的新分裂，而且要能永续有产阶级掠夺无产阶级和有产阶级支配无产阶级的权利。果然这制度不久便来了；人们遂创立了国家。

第三章

雅典之国家

国家是怎样发展的呢？当氏族的各机关一部分变了形态，一部分由一些新的机关僭夺其地位，而最后则完全代以国家的各种官厅。从前氏族宗族与种族用以自卫的真正"人民武装"，至此代以国家一切行政机关使用的武装"强权"，复次便用以对付人民。我们论证这种进化的初步，最好莫如古代的雅典。关于形态上种种变化的要点，是由摩尔根陈述的；至于产生这些变化的各种经济情形，大部分是由恩格斯补足的。

英雄时代，雅典人的四个种族尚住在几个隔离的地方；构成四个种族的十二宗族，也还住在西克鲁伯斯（Cecrops）的十二个城市里面，好似各保其特殊的古迹。此时政治组织即是英雄时代的组织：人民会议、议会和巴士留。更追溯成文历史的记载，则土地业已瓜分，并且随着相当发达的商品生产（在半开化高期的末日即已相当的发达）和与之适应的商品交易，而转变为私有财产。各物以外，又能生产酒与油。所以爱琴海（Egen）的海上贸易，渐渐推翻了腓尼基人（Phenicians）的霸权而大部分落于阿替喀人之手。由不动产的买卖与农业手工业渐渐分工的结果，商业与航海业益发达，而氏族宗族与种族所属人员亦忽然互趋于混淆。不但如此，因为以上事势所趋，各宗族与各种族的领地不得不改变旧规收容不属于他们团体的住民或市民，复次又不得收容异种人于他们自己的住居以内。

在各宗族与各种族分离居住时，每个宗族和每个种族各自管理自己的事务，无须选代表到雅典议会和巴士留那里去。虽然无论何人可居于不属于他们的宗族或种族的地域上面，但也自然不能参与该地宗族或种族的管理与行政。

氏族组织的规律活动，在英雄时代即已显出失了均衡的破绽，而有补救之必要。由是雅典人便采用提西欧（Thésée）的政体。提西欧的第一种制度在变更各种族的独立行政，而在雅典建立中央行政机关；前此各种族独立自治的事务之一部分，至此宣布为公共事务并属于在雅典的总议会管辖。由此，雅典人比美洲印第安人更进一步：印第安人只有邻近几个种族简单联合的雏形，而雅典则已融合为单一的整个的民族。由此在种族与氏族的习惯法上，产生一种普通的人民权利。即使是异种族的人，只要他有雅典市民资格，便得接收些一定的权利和法律上的保护。然而这又是使氏族崩坏的第一步，因为这乃是容收阿替喀各种族以外和完全在雅典氏族组织以外的异种市民之第一步。

提西欧第二种制度是不计（也可说是打破）氏族宗族和种族的组织，区分人民为三个阶级：贵族（Eupatrides）、农人（Geamares）与工人（Denurges）。并且规定职官为贵族独擅之特权。这是真的：除贵族独占职官一点外，这种区分没有什么别的影响，因为它还没有建立各阶级间别的法律上的差异。但是这种区分是有重大意义的，因为它已把一些默默发展的新要素提供于我们。这种区分所表示的氏族职官之占有（习惯于某几个家族里面），业已变为各"世族"的一种权利；由此各世族更与一些财富的势力，于他们的氏族以外，开始联合起来，便成为一个特权阶级；而呱呱坠地的国家，便是专应这种要求产生的。至于农人与工人分工，也是竞胜从前氏族或种族的区分之很有力的方法。卒至氏族与国家之间宣告不可调和的抵抗；国家形成的第一个功课便在打破氏族制度，把每个氏族的人员分成为特权者与非特权者，并且把农业与手工业的劳动者也分成为两个新阶级，使他们彼此对抗。

雅典以后的政治史，到梭伦时还不充分知道。巴士留的职位后来是废止了，而代以从贵族中选举的雅康（Archontes）为国家的首领。到纪元前 600 年的时候，贵族的权力渐渐增加到不堪支持的地步。其压制一般人的自由之主要方法，是现银与高利借贷。贵族们的主要住所为雅典及其附近，因为这便是海上贸易以及劫掠机会的所在地，由此可以无限的增加财富，集中一切现银于他们的手里。从此，现银交易的流行，便酸化了旧社会的生存条件——因为它是建立在自然品的交换基础上面。氏族组织与现银交易是绝对不能两立的；阿替喀小农的破产是与保护他们的氏族旧关系之解纽同时而起的。债权与抵押权（雅典人已发明抵押法），既不是氏族所尊重的，也不是种族所尊重的。氏族既不知道现银，也不知道贷借，更不知道现银的债务。然而富豪的金力政治不停的扩张，便由它（金力政治）创造一种担保债权的新习惯法，使现银所有的债权者对于负债者的小农之盘剥神圣化。由此阿替喀一切田原上面树满了抵押的标柱，在这些标柱上说明这些土地由谁某抵押于谁某，抵押的银及利率为若干。就是一部分未指定为担保品的耕地，因为不能偿付本利也只得卖与债权者而成为高利贷的贵族之财产。农人若得保持下列情形，尚欣然自以为幸：即土地卖了之后，若被允许以佃户资格仍得留居于故地，靠着自己的劳力过收获物六分之一的生活，而将六分之五当做地租，缴纳于它的新主人。更进一层说：当卖出土地的结果不够偿债务时，或债务积累至没有抵当物的保障时，债务者便应把他的儿子卖与外人为奴隶（多半是卖与债权者为奴），以偿清他的债权者。父亲可以卖儿子，这便是父权与一夫一妻制的第一个结果——虽然如此，然而吸血鬼还没有满足呢。复次，债务者便应把自己卖为奴隶。这样——便是雅典民族文化初启的曙光！

在过去人民的生存条件还适合于氏族组织的时代，以上一类的变化是没有发生之可能的，以上一类变化之所以发生，现在已无须怎样辨明了。暂时我们又可回复到伊洛葛人里面来。在伊洛葛人中，欲以强迫施之于雅典人的状态，去施于伊洛葛人——不得他们的协力或不顾他们的同意而施于他们，这简直是想象不到的事体。无论年岁的好歹，他们总是年年岁岁以同样的方法去产必要的生活资料，决不能发生以上一类外部压来的冲突，也决不能发生贫富间以及掠夺者与被掠夺者间的任何抵抗。纵然伊洛葛人隔征服自然的程度尚远，然在加于他们的自然限度以内，他们得为自己生产的主人。即使他们小园圃的收获恶劣，山林川泽的禽鱼竭尽，然其结果只足以使他们从新发明些生存方法。以这样的结果来维持他们的生活，多少是比较丰裕的；并且决不致因此掀起社会意外的大变革，撕破氏族的关系，把氏族和种族的人员分裂为互相争斗的对抗阶级。生产固然还是在极狭隘的界限中进行，然生产者还是他们自己生产物的支配者。

至如希腊人里面，完全不同，由畜群与奢侈品变为私产的进步，以致发生个人间的交易，并把生产品变成为商品。这样的变化，便是以后一切革命的种子。一到生产者的本身不直接消费他们的生产品，且把他们的生产拿来做交换，他们对于自己的生产品便失掉了主人资格。而生产品换出不到几日，人家又有拿来盘剥和压迫原来生产者之可能，这样猝然而来的事情更是他们所不了解的。所以没有哪个社会在开始不逃脱个人间的交易，而还能以固定的方法支配自己的生产品，或在生产过程上还能维持其对于社会作用的管辖。

但在雅典人，一到生产品转变为商品和个人间的交易开始，他们便知道用怎样的速度使生产品支配生产者。而为个人自己计算的土地耕种，也随着商品生产而出面，并且不久便成立土地的个人财产。后来现银出世，它便变为可与一切商品交换的共通商品；然而当他们（指雅典人）发明货币时，谁能梦想到他们又因此创造了一种惟一普遍的新势力，这惟一普遍的新势力可使全社会降伏在它的威权下面。并且这种新势力是从创造者的自身忽然涌现出来的，纵然他们的暴性还是在少年时代，然已足够使雅典人感受其威力了。

然则在这中间怎样做呢？氏族组织业已自行证明无力抵抗所向无敌的现银势力之进攻；并且在它的范围内绝对不能寻出它对于现银的交涉，债权者与债务者的关系，以及用势力收回欠债等行为有丝毫的地位。但是新社会势力业已存在那里；而人们并无热烈的希望和意愿想把现银与高利驱出社会而回复到旧时的善境。

此外又有一列次要的罅隙，接二连三在氏族组织上面开了些破扎。

在阿替喀全境各氏族和各宗族的人员之混合（雅典市的本身更为混淆），一代盛似一代；从这时候起，一个雅典人有权把土地卖出他的氏族以外，而且住宅也不拘了。

生产上各派的分工有农业和手工业，而在手工业中又有无数的细别，如商业航海等等。以上的分工随着产业和交通的进步愈益发达，由此人民遂按照其职业而区分为各种很固定的团体。这些团体的每一个，都有其共同的新利害；而这些共同的新利害在氏族和宗族里面没有存在的余地，所以必须设立些新职员以拥护他们的利益。这样一来，氏族的地位又不知削弱了多少。

这个时代，奴隶数目的重大增加，已经超过雅典自由人的数目非常之远。然而氏族组织原来不知奴隶制为何物，所以也不知用什么方法制驭这般不自由的氏族群众于羁轭下面。

最后，由商业招徕的一群外种人，只要他们在雅典能赚得现银，则定居于雅典也极容易。不过这样的事情，显然与旧制度相抵触：所以纵然有因袭上的默许，然他们在人民间依然是一种由旧制度剥夺各种权利与保护的外来分子。

总括一句：氏族的组织业已到了它的末日。新社会日益生长，旧氏族日被排出。眼前发生的各种害恶，氏族既不能阻止，又不能消除。由分工（开始为城市与乡村间的分工，复次为城市各派产业间的分工）建立的一些新团体，不仅创设一些以保护他们利益为目的的新机关，而且创设各种各类的新职员。

复次，少年国家的第一种需要，是需要一种自己的武力。这种武力，在航海业雅典人，最初不过是用以保护商船，对付各种小小战争的海军力，在梭伦以前的不确定时代，雅典人按照十二个种族划分一些小领土区域，叫做诺克拉利（Naucraries）。每个"诺克拉利"应供给一个具备全副武装（水兵、军需等等）的战船和两个骑兵。这个制度给氏族组织以两重打击：第一，它自己创立一种再也不与全体武装人民相混合的公共势力（Force publique）；第二，它初次在政务里面区分人民，便不按照血族团体而按照居住地域（L'habitant locale）。这种区分具有什么意义，以后还要详说。

氏族组织既不帮助被掠夺的人民，于是只替它留一新生的国家或者有一线的希望。梭伦的立法，似乎是国家帮助被掠夺人民的事实；但实际上不过是牺牲旧组织，把国家从新巩固起来。然而在梭伦手中要算开一列所谓政治革命的先例，并且第一次侵害了财产权。原来前此一切革命都是拥护一类财产侵害别类财产的革命；各种革命要拥护这一类的财产自然不能不侵害别一类的财产。法兰西大革命是牺牲封建的财产来救济资产阶级财产的；梭伦的革命是损债权者的财产以益债务者的财产的。照梭伦的改革，一切债权简直等于宣告无效。虽其改革案的详细，我们不得精密的知悉，但梭伦在他的诗中自夸业已把负有债务的田原上一切抵押标柱推翻，并且把那些因债务而自卖为奴隶或逃走于外国的人们释放归国。以上所说的事情，惟有公然侵犯财产权利才能做到。实际上，各种各色的政治革命，从最初一次以至于最后一次，都是藉着没收或强夺甲类的财产以保护乙类的财产的。所以从三千年以来，财产权惟靠侵犯财产权才得维持，这确是一种真理。

梭伦的大改革，是在纪元前549年举行的。第一步是改造新货币，质量比旧币为轻，以减贫民债务。其办法约可分为四点：（1）以上地为抵押的债务得以新币偿还；（2）不得鬻奴偿债；（3）禁止质身借债；（4）限定人民有田之数。

可见梭伦第一步的注意是防止雅典自由人堕于奴隶同等的地位，所以开始设立普通的预防方法，禁止人身为质之债约；复次规定个人具有土地的最大限度，以限制贵族们对于农人土地的贪欲；最后他乃改变政治组织，其重要各点如下：

设立四百议员的人民会议，每个种族选举一百个议员。种族虽然还是政治制度的基础，但这不过是把古制度摄收于国家的新组织之中。梭伦按照不动产的收入，区分公民为四个阶级：（1）收入五百米丁（Medinnes，雅典斗量之单位，一米丁等于法国52 litres）

谷物者为第一阶级；（2）收入三百米丁者为第二阶级；（3）收入一百五十米丁者为第三阶级；（4）不及一百五十米丁或完全没有者为第四阶级。一切官职只有前面三个阶级才能占有，而最高的官职（如雅康等）仅只第一阶级有此特权，第四阶级惟在人民会议里面有发言权和投票权。但一切官职都由人民会议选举，并且都要对人民会议负责任，一切法律也由人民会议订立，而第四阶级在人民会议中占多数。所以贵族的特权虽能在财富的特权形式中复兴一部分，而最高的权力则为人民所保留。

改革案的别方面，又把四个阶级组成为军事组织的新基础：第一阶级与第二阶级供给骑兵；第三阶级供给步兵；第四阶级为不着铠甲的轻兵，或在海军里面服务。征发或动员的时候，前三阶级的人民以财产的等差供给军食，并自备军器；只有备征募的第四阶级的人民有时或可得到军需与军饷的给与。

由此我们可以知道梭伦改革案的真性质，便是采用一种完全的新要素——私有财产——于政治组织里面。国家公民的权利与义务，都是按照他们不动产的地位规定的。随着有产阶级的势力陆续增加，旧的血族组织日益退处于无权而被驱逐，从此氏族又罹受一种新失败。

梭伦制度最可注意的，便是极力保持希腊民族"自由人"的地位，给后世立了一个统治其他民族的广大基础。在梭伦改革后的八十年中，雅典社会渐次朝着这个方向进行，并且继续发展到几个世纪。一方面如梭伦以前一样的集中土地和高利贷借，确是实行遏制了；但是别方面依赖奴隶劳动，商业手工业和美术业渐渐大规模的发达，而成为生产上主要的分业。于是雅典人越发聪明了：便专以掠夺非雅典人的奴隶和贱民（Clientèle）文明的方法来代替从前掠夺自家公民的野蛮方法。动产、货币、奴隶和船舶日益增加，但是获得的手段和目的却与从前有限的时期不相同：从前获得不动产的手段是极简单的，现在却比较的复杂了，并且各种财产都成为一己的目的物。

由工商业新兴的富者阶级，一方面竞胜了旧贵族；别方面又推翻了氏族组织残留的最后根据。氏族、宗族和种族的人员一经散居于阿替喀全境，便完全混合而不可区别；由此氏族宗族和种族遂一概不适合于政体的组织。一群一群的雅典市民，从此再也不属于任何氏族；外来的移民倒很能得各种公民权利，而在旧的血族团体里面的反乎没有。故外来移民的数目日日增多而氏族组织不得不日趋于瓦解。

在这个时代中，起了一些的党争：有所谓平原党，代表贵族政体派；有所谓山岳党，代表平民政体派；有所谓海岸党，代表调和宪法派。贵族力谋恢复其特权，并且在某个时期，果然把他们的权力暂时恢复了。希腊遍地都是贵族专政。但是等到克立斯特尼（Cleisthenes）的革命一起来（纪元前 509 年），贵族的地位遂确定的被推翻了；并且随着这次革命，而氏族组织的最后残留也打得粉碎。

克立斯特尼改变梭伦的旧制：在他的新宪法中，完全没有建立在氏族与宗族基础上面的四个老种族的地位。他换了一副完全的新组织，这新组织系以按照公民住居地域为分配的基础。这样以地域籍属人民的新方法（旧氏族社会系以血族籍属人民），本来在梭伦以前的十二"诺克拉制"里面业已发端，现在不过更为完全罢了。从此公民分配的决定再也不属于血族团体，而专属于居住的地域；也不属于人民，但属于人们所区划的土地；一切居民不过在政治上成为领土的单纯附属物罢了。

在横的方面：克立斯特尼区分阿替喀全境为一百个行政区域，叫做地米斯（Démotes）。每个地米斯为一自治的行政单位。每个地米斯的公民（Dèmes）选举一个首长和财政官，及三十个裁判官，办理各种细微的诉讼事件。每个地米斯有一个特别的神社与保护神，或一个英雄，并由公民选举一些祭司。每个地米斯的最高权属于公民会议（L'assemblée des démotes）。这恰好与摩尔根所指示的美洲地方自治团体的都市原型是一样的。雅典初生的国家与近世完成到极点的国家，都是以同样单位作出发点；所不同的，不过是程度高低问题罢了。

在纵的方面：克立斯特尼综合十个地米斯为一个种族。不过这样区分的种族与从前以血统为区分的种族完全不同，所以现在只能称为地域的种族。地域的种族不仅是一个自治的政治团体，而且又是一个军事的团体。每个种族选举一个种族首领（Phylargne），种族首领便是统率骑兵步兵以及种族领域内征集的全般军队之司令。至于十个种族对于雅典国家的权利与义务，系：（1）每个种族选举五十个议员于设在雅典的议会（梭伦定为四百名额，现在改为五百名额）；（2）每个种族供给五只具有水兵与指挥的战船；（3）每个种族从阿替喀接受一个英雄为保护神，并且以这英雄的名称为种族的名称。

集合以上一切分子组成的雅典国家，是由十个种族选举出五百议员组成的议会统治的；而最终的决定则属于每个雅典公民都可出席投票的人民会议；并且各种行政事务和司法，分由几个雅康与各种官吏拿理；从此雅典便没有最高权力的执政官存在了。

克立斯特尼的新制度，既撤废梭伦的四阶级制，于是遂增加极多的保护民——一部分是外来的移民，一部分是解放的奴隶。由此氏族的各种机关都被逐出于一切公家事务之外而成为废物。但渊源于氏族时代的无头势力和因袭的见解与思想，还是依然存在；不过延绵到几个世纪，才渐渐的完全消灭。从此以后只有国家的制度为人们认识的对象了。

由此我们可以认识国家的本质，在于一种与民众区别的公众势力。在这个时候的雅典人不过是由人民直接供给海军与国民军。这些海陆军不仅是用以外防敌人，而且是用以内防占人口最大多数的奴隶。只缘公民的对面有奴隶，所以需要这公共权力。公共权力，最初不过以警察的形式而存在，即以强力监察奴隶的劳动或压制奴隶而使之服从，所以警察制度是同国家一样老的。18世纪天真烂漫的法兰西人叫文明国家不用 nations civilisées 的字眼，而用 nations policeés，而 policer 在法文字典上早已训为"文明"的意义！雅典的国家和警察——徒步或骑马的宪兵队，殆是同时创设的。但这种宪兵队是以奴隶组成的。雅典自由人对于警察的职业是很鄙视的，他们宁为武装的奴隶所逮捕，而不肯做这样的贱事。可见已经在新的政治生活中的雅典人依然是从前氏族社会的旧思想；他们不知道没有警察，国家是不能存在的。不过此时国家还很幼稚，并还没有充分的道德权威使人尊重这种国家所视为必要而氏族所目为鄙贱的职业。

财富和工商业突然的发达，雅典国家怎样适合于这些新的社会状态，我们业已论证其大概。从此建立在各种社会制度和政治组织上面的阶级对抗，遂移其地位于奴隶与自由人之间和被保护民与公民之间；而往日贵族与普通社会的冲突，至今不复存在。在最繁盛时代：雅典自由公民的总数为九万人（妇女与小孩包括在内，成年男子不过两万人之谱）；男女奴隶为三十六万五千人；被保护民（外来移民与释放的奴隶）为四万五千人。平均每个成年的公民，至少有十八个奴隶和两个以上的被保护民。这样巨大数目的奴隶，多半是在工场里面的监督秩序之下共同劳动，但是随着工商业的发达，财富积集于少数人手里，自由公民群众的贫穷又复显露于世。此处只有两条道路任这些贫穷的自由公民去选择：或以自己的手工劳动与奴隶劳动去竞争，或作社会的寄生虫。必然的结果，他们是选择了后者而抛弃前者，因为前者大家都视为可羞的贱事，并且可希望的利益很少。由此寄生虫渐渐形成为广大的群众，并且引导雅典国家至于完全破产。所以引导雅典至于破产，决不是民主政治，一如欧洲曲学阿世的学究先生所说一样，而是驱逐自由公民回避劳动的奴隶制度。

雅典国家的形成，是一般国家形成的典型：第一，雅典国家没遭外部或内部的暴力干涉便自然完成了（如 Pisistrate——山岳党首领，梭伦之侄——在他的短期篡位中，并没留一点痕迹）；第二，雅典国家是直接从氏族社会产生出来的，并且是积极完成的——民主共和的形态出现的；第三，我们由雅典国家的形成，可充分理解其各种重要的特性。

第四章

罗马之氏族与国家

相传罗马最初是由一百个腊丁（Latines）氏族形成的种族建立的；不久既与较后移来的萨白种族（Sabiens）合并，这个种族也是一百个氏族；最后又由各种分子组成第三个种族，并且也是以一百个氏族为单位。这种传说，我们一见便完全知道除氏族以外绝没有别的自然的源头；并且氏族大抵不过是从继续生存于故乡的母氏族分出来的一个蜂窠。各种族的构成大都非异种族的分子，并且是模仿古种族的模型；古种族的形成是自然的而非人为的，所以各种族的额面上也没带有他们人为构成的烙印，所以不能排除的，不过为三个种族的各自核心（老种族的实在体）。介乎种族与氏族之间的为宗族，宗族是由十个氏族组成的。罗马人叫氏族为肯多（Gente），叫宗族为苛列（Curie）。三个种族合拢来，共有三十个苛列和三百个肯多。

国家未产生前，氏族为社会的单位。美洲印第安人的氏族是原始的形式；希腊人的氏族是很发展的形式；罗马人的氏族也是很发展的形式。

罗马氏族，在城市时代的初期，至少还保持下列的组织：

（一）一切氏族人员有相互的相续权；财产在氏族以内。父权在罗马氏族中也如在希腊氏族中一样的盛行，女系后裔排除于相续权外。照吾人所知道的最古的罗马法——《十二铜版律》：第一位的相续人为儿子；没有儿子时，为男系近亲（如兄弟姊妹等）；没有男系近亲时，为氏族人员。无论如何，财产不能出氏族。此处我们可看出由财富增加和一夫一妻制惹起的新法律规条已渐渐采用于氏族的习惯中。相续权习，原来在氏族人员中是平等的；在上面所说的变化之初期，开始限制为男系近亲，最后为儿子与男系后裔；而演进到《十二铜版律》的时候，自然更进一步，所以相续权的第一位为儿子，而第二位为男系近亲。

（二）有一块共同的墓地，叫做氏族墓（Gentilitins tumuus）。

（三）有各种共同的宗教祭祀，叫做氏族祭（Sacra gentilitia）。

（四）氏族内没有结婚的义务。这种规律在罗马从没变为成文法，但是一种永续的习惯。在罗马无数的配偶中，没有一对夫妇是同一氏族的名称的。这种规律又由相续法证明了：女子结了婚，即丧失其男系近亲的权利，她便应出氏族；无论她自身和她的儿子，都不能承继她的父亲与兄弟的财产，因为她业已出嫁，在父的氏族里面没有一份相续的权利。这种规律的意义，便是立在女子不能与本氏族男子结婚的前提上面。

（五）土地共有。土地共有，始于原始时代种族土地的分配；但在各腊丁种族中，我们发见一部分土地归种族所有，一部分土地归氏族所有，即各家庭也有一部分土地。相传个人土地的分配始于罗慕路（Romulus，纪元前 735—前 715 年，罗马的第一个王）。罗慕路的分配方法：系将土地划分为三大部分，三个种族各得一份；每个种族的那一份又各分成为十份，十个宗族各得一份；每个宗族的土地又复细分于各家庭，每人所得地面为两久格拉（Jngera，两驾牛耕一日的样子）。然而我们在后还是发见土地仍然在各氏族手里。

（六）氏族人员有互相帮助互相救济的义务。

（七）氏族名称的权利。这种权利一直维持到帝政时代。释放的奴隶，也许其取他从前生人氏族的名称，但是不予他以氏族人员的权利。

（八）氏族里面，有容收外人的权利。开始是容收于家族（如印第安人一样），这样便自然牵连到氏族的容收。

（九）族长选举与罢免的权利虽然没有书面的记载；然罗马初期

的王、祭司及一切职官，都是由宗族选举或指名的，可知氏族的族长（Principes）也是一样的。纵令此时已规定要从氏族内一定的家族选出，然其必须经过氏族的选举，乃是毫无疑义的。

以上九项，是罗马氏族的特性。除掉父权一点外，与伊洛葛氏族的各种权利义务是很相像的；所以此处只须把这异点去掉，便要显然透出伊洛葛人的面貌。

关于罗马氏族的组织，一般著名的历史学家常常陷于昏谬，此处不过举孟森（德历史家，1817—1903 年）为一个例证。孟森："氏族的名称，除奴隶外，家族的男女全体并包括被养者与门客，都是一样给予的。种族（实际的，或虚构的）是从共同始祖产生出来的共同团体，祭祀埋葬与相续都是共同的，一切自由的个体——女子在内，都有属于这共同团体的权利与义务。已婚女子的氏族名称，到是发生困难。这种困难，只有使女子可与本氏族的人结婚，才能消灭。许久以来既已证明女子结婚于氏族外比结婚于氏族内多一层困难；在 6 世纪，族外结婚还是一种特许的权利，须以报酬的名义行之……但在原始时代也有这样一类族外婚姻，是女子出嫁于丈夫的种族……这是绝对确实的，在古代的宗教婚姻中，既已规定妻须完全属于夫的共同团体而脱出她自己的团体。人人都知道已婚女子，对于她自己氏族的人员已丧失其能动的或被助的相续权利；但在反面，她又与她的夫、她的子及她的夫与子的氏族人员之相续权相结合，所以她又被她的夫收养了。并且又入了他的氏族，她怎样还能站在氏族以外呢？"

然则照孟森的推论，罗马女子除许其在氏族内结婚外，便不能属于原来的氏族；从而罗马氏族是族内婚制而非族外婚制。这种意见与我们所知一切民族的经验完全相反。孟森全般的推论，都是根据泰特里夫（Tite-Live，腊丁历史家，纪元前 59 年—纪元后 19 年）所记录的一节故事。这节故事是说纪元前 186 年，罗马元老院，对于一个寡妇——费西尼亚（Fecenia Hispalla），做了一个决议：任这个寡妇如她已故丈夫给她的遗嘱权利，听其自由处置或耗费其财产，并任氏族外选举一个后见人去结婚，且认这样的结婚妇人既不算为罪恶，也不算为耻辱。

元老院允许费西尼亚（她是释放的女奴）可以在氏族以外结婚，这是毫无疑义的；因为在元老院未允许前，她的丈夫即遗嘱在他死后其妻有在氏族以外结婚的权利。但这是在什么氏族以外呢？是在夫的氏族以外，还是在妻的氏族以外，或是在同姓夫妻的同一氏族以外呢？照孟森的肯定，罗马女子应在氏族内结婚，并且结婚后，她还在这氏族内。那末，此处所指的氏族以外，一定是同姓夫妻的同一氏族以外了。由此便发生这样的问题：罗马氏族既是内婚制，在理，费西尼亚的丈夫之本身便没有令其妻再嫁于氏族以外的权利；费西尼亚的丈夫若擅自破坏罗马氏族内婚制的根本法而创此破天荒的遗嘱，元老院对于这种违背宗法的遗嘱不加以否决而反加以承认，决没有这样荒谬的法理。

后次，假设罗马女子是同外氏族的男子结婚；结婚后，她仍然住在自己原来的氏族里面。那末，照孟森所引费西尼亚的故事，她的外来的丈夫竟有权许其未亡人到氏族外去再婚，这简直是一种不可思议的事体了。

最后，只有这样一种设定才有成立之余地：即罗马女子是与外氏族的男子结婚，并且因结婚而出嫁到夫的氏族里面去。这样推论，才可把以上一切疑难立即解释。女子因结婚而嫁出她的老氏族并且加入夫的氏族；她以结婚的关系（非以血统的关系）而成为夫的氏族之一员。夫死了的时候，她自然有承继夫的财产的权利。至于寡妇再嫁的问题，为财产不出氏族计，自然以在夫的氏族中重婚为最宜；因而后世历史家便误认为氏族内婚制。寡妇再在同氏族中重婚，这在一定时期必然成为普通的规律；然亦可以发生例外，即夫临死的时候，只以一部分财产遗予其妻，许她可以携此出氏族而与外氏族的人重婚，这亦是很简单很自然的事体，只须我们抛弃罗马氏族内婚制的奇怪观念，便可完全理解。因为孟森所误认的罗马氏族内婚制，原来就是摩尔根所说的氏族外婚制。

氏族外婚的表词（Enuptio gentis），不过在这节引用文中才发见，此外在罗马全部文献中都找不出这样的字眼；外婚的表词（Enubere）在泰特里夫的书中虽然发见三次，但并没指明为氏族的外婚。所以仅凭这节故事来证明罗马女子只许在氏族内结婚，实是一种幻想。这种幻想是绝对不能成立的。因为泰特里夫的话，或是仅限于说明女奴解放的特殊事件，而非说明一般处于自由地位的妇女；即使是说明一般自由地位的妇女，也不过是在反面证明一般妇女都是氏族以外的结婚，并由结婚而引渡于夫的氏族。所以从泰特里夫的话深究起来，乃是反对孟森而赞成摩尔根的。

罗马建立后约三百年，氏族的结合还很强固。例如发宾人（Fabiens）的氏族（贵族的氏族），得到元老院的同意，独力担任与邻近凡雅人（Veies）的城市战争；据说，全氏族三百零六人皆出阵赴战，全体为敌人的伏兵所歼没；仅残留一个少年男子继承氏族的生命。

上面已经说过，十个氏族组成一个宗族，罗马人叫做苛列；罗马宗族所赋的各种公众的职权，比较希腊的宗族更为重要。每个苛列有些实际宗教、神殿和特别的祭司，这些祭司的全体又组成一个祭司的团体。十个苛列组成一个种族，每个种族有一个首长，兼军队司令与大祭司的职务。三个种族总合起来，即组成为罗马民族（Populus romanus）。

罗马民族既是三个种族形成的，那末，不是氏族、宗族和种族的人员决不能属于罗马民族，在最初一定是如此的。罗马民族最初的政治组织大略如下：一切公众事务最初是由元老院管理；元老院是由三百个氏族的首长组成的（德国历史家尼博尔为最初了解罗马元老院组织的第一个人）；这些元老都是各氏族的长老，族人呼他们为父老（Patres）；父老们的全体，最初组成为长老会议（Conseil des anciens），后来叫做元老院。每个氏族的父老渐渐习惯在同一家族中去选择，由此种族中便造出一种最初的贵族；这样的家族后来自行叫做世家（Patriciennes），并且要求有独占元老院和其他一切官职的特权。这样的要求经过一些时日，得到人民的认可，遂变成为真正的权利。

罗马的元老院（Sénat），等于雅典的议会（Boule），许多事务归它议决，极重要的事项如新立法等，尤其归它预先审议，然后交由人民会议投票通过。人民会议，罗马人叫做 Comitia Curiata，实际上就是苛列会议，是由三十个苛列组织的，每个苛列有一表决权。一切法律的通过与否决，一切高级官吏的选举，都由苛列会议取决。至于宣战与媾和，前者属于苛列会议，后者属于元老院。此外，苛列会议又为最高裁判机关，只有它能宣告罗马公民的死刑。

最后，元老院和人民会议之傍，又设立所谓 Rex；这个字义恰好等于希腊的 Basileus，原先毫无孟森所想象的具有专制权威的"王"的意义，不过是氏族长或种族长的称呼。勒克斯（Rex）为军事首领，兼大祭司与裁判长。勒克斯于军事首领的惩戒权和裁判长的判决执行权以外，对于公民生命财产和自由，是没有什么权利的。勒克斯的职位不是世袭的；大约是先经前任者的推荐，复次由苛列会议选举，最后，由第二次会议举行庄严的授职典礼。勒克斯不称职或发现其他不良情形时，可以由人民会议罢免，如达克苏贝勃（Tarquin Superbe，相传罗马建国后，行王政二百五十年，七王相传，始于罗慕路，终于达克苏贝勃）被逐，便是明证。

在罗马有所谓王政时代，也同希腊有所谓英雄时代一样，实际乃是一种建立在氏族宗族和种族基础上面的军事的民主政治，并且是直接从氏族宗族种族产生出来的。即令各宗族与各种族不过成为各种人为的组织之一部分，然它们不啻仿照真正自然的原型，做成由它们所产生并且又包含它们全部分于其内的新社会。即使血统贵族（Noblesse patricienne）自然要占得地位，而勒克斯们自然要逐渐扩张其权能，然这也决不能变更氏族政治组织原来的根本性质，不过与原来的根本性质有关系罢了。

在这个时代中，罗马城市的人口，随着征服领土的扩张而增加，一部分是外来的移民，一部分是归服领域的居民。罗马国家全般的新附民（关于门客问题此处丢开不说）都是生活于旧的氏族宗族和种族以外，所以也不能组成为真正的罗马民族（Populus romanus）之一部分。他们在人格上都是自由人，只要纳税与服从军役，便得购置田产。但是他们既不能就任何官职，也不能参与苛列会议，更不能分受国家征服的土地。由是这般被排除于一切公权以外的自由人，便形成为平民（Plebe），平民的数目不停的增加，他们的教育与军事智识亦不停的演进，于是他们对于深闭固拒的老罗马人（Populus）便成为一种威胁的势力。加以后来老罗马人与平民之间，土地的分配，似乎已成为很均等的形势，然而工商业（虽然还不很发达）的财富大部分属于平民而不属于老罗马人，主宾之间，遂有相形见绌之势。

罗马上古的传说史，完全隐藏于莫名其妙的大黑暗之中；这种黑暗，后来加以法学派和纯理派各种各色的解释而益甚。罗马氏族的古制，果以什么缘因而灭亡？以及关于这种革命的经过情形与时日，究竟是怎样？从来不能有明确的判断。这种历史的大秘密，直到摩尔根和恩格斯才得到完全的解决。现在我们是容易明白了：罗马氏族政治崩溃的主要原因，便是由于普列白（Plebe）与波彼流（Populus）的争斗。

要去掉这种大冲突，而使国家的基础扩大巩固，便不得不根本改变制度。于是到了勒克斯——色维特吕（Servius Tullius，相传为罗马第六王，纪元前578—前534年）的时候，模仿希腊梭伦的改革，制定新宪法，创立新的人民会议，去掉波彼流与普列白的区别，把两个阶级的人民都包在人民会议里面，其惟一的限制只看他们是否能服军役。从前罗马有骑兵六队，只有固有的罗马贵族才得加入；现在色维特吕变更前制，把全体能服军役义务的男子，按照他们的财产，区分为六个阶级：有十万亚斯（as，罗马铜币）者为第一阶级，须出步兵八十队，骑兵十八队；七万五千亚斯者为第二阶级，须出步兵二十二队；五万亚斯者为第三阶级，须出步兵二十队；二万五千亚斯者为第四阶级，须出步兵二十二队；一万一千亚斯者为第五阶级，须出步兵三十队；财产不及一万一千者为第六阶级，叫做下等人民（Prolétaires），得免除军役与纳税的义务，但在形式上亦出步兵一队。总合拢来：骑兵十八队，步兵一百七十五队，合计为一百九十三队。每一队为一百个武装的公民。由此，色维特吕更创立——百人队会议（Comitia centuriata），把有财产的各阶级公民都纳于这个会议之中：每一队在会议中有一投票权，全体票数为一百九十三，一切案件只须九十七票便算为多数通过；然而第一阶级在会议中有九十八票（因为第一阶级所出的步兵与骑兵，合计有九十八队）。第一阶级在会议中既占固定的多数地位，所以无论其余各阶级怎样联合一致，若不获得第一阶级的同意，是不能议决什么事情的。

因为百人队会议的设立，于是从前苛列会议的一切政治权利都须移交于这个新会议。由此罗马的苛列与肯多，也如雅典的宗族与氏族一样，完全贬黜于无权，而变成为私家的团体和宗教的团体，不过在长久的岁月中还苟延其形式上的残喘；然苛列会议，不久便完全消灭了。不仅如此，罗马国家又把三个血统的老种族完全破坏，而另外创立四个地域的种族；并且把城市分为四区，令每个种族住一区，每一区赋予一些政治的权利。

所以罗马在所谓王政废除以前，旧社会秩序还是立在血统关系上面；现在这种旧制度完全打得粉碎，而让其地位于建立在领土区划和财产差别上面的国家之真正组织。此处的公共权力，便在于服从军役的公民所构成之武力的集团。这种武力的集团不仅是对付奴隶的，而且又是对付被排除于军役与武装以外之所谓下等人民（Prolitaires）的。

新政治组织成立不久，便把最后的勒克斯——达克苏贝勃驱逐了，达克苏贝勃确可算为篡立王权的一个人。从此，所谓勒克斯在新组织里面不复存在，而代以两个职权平等的康桑耳（Consuls），实际上就是两个军事首领（如伊洛葛的一样），不过使政治组织扩张一度罢了。以后罗马共和政治的全部历史，就是从这新组织内产生出来的。然而罗马共和时代的历史是同着贵族（Patriciens）与平民（Plébéiens）间的各种争斗开始的：最初是争官职就任权，复次是争国有土地的分配；而血统的贵族（Noblesse patricienne）卒致消灭于握有大动产与不动产的新阶级之中。这个新阶级不仅消灭血统的老贵族，而且次第吸收因军役而破产的农人（罗马制，兵士饷械概归自备；一般农人有战事则以身家田产为质以贷于富人；积不能偿，二者皆被没收；而战争得来的土地又尽数分于新旧贵族，农人既失其旧，又不得新，只得为奴）之一切田产。这样广大的产业，新生人尽皆付于其奴隶去耕作，由此老的意大利民族的人口遂异常减少。这样的新形势不仅向以后的帝政时代开了门，而且向帝政之后继者——半开化的日耳曼人开了门。

第五章

克尔特与日耳曼的氏族

克尔特（Celtes）各种族，包括：高卢（Galles）、不列颠、苏格兰、爱尔兰和皮克特（Picts）五种人在里面。克尔特各种族的氏族制度，在其最古的法律中足以表现其充分的生气。即如爱尔兰和苏格兰两个种族，虽然被英格兰强暴的破坏了，然氏族制度至少在人民的感情和本能中今日还有几分残存；并且在18世纪中叶，苏格兰的氏族制度还极盛行，其后不过都为英格兰的武器、法律和裁判厅所消灭罢了。

至于高卢，在英格兰未征服前数世纪的古法律，或至迟在11世纪中的成文法，除掉往时普遍习俗的残迹不论外，尚表示为村落社会的共耕制；每个家族除五亚克（acres）的自耕地外，还有一块共同耕种地，其收获是分配的。这些村落社会就是由各氏族或各氏族的分支演成的。

克尔特各种族在11世纪中，一夫一妻制还没完全夺掉对偶婚姻的地位。高卢人的婚姻，除开始七年不能离婚外，是很不固定的。在这七年中，只要是缺少三夜不同宿，夫妇便可离婚。离婚的财产的分配，夫取一份，妻取两份。至于家具的分配更须按照下列有趣的规则：如果要求离婚时的是夫，则家具应尽退与妻，夫至多只能留几件；如果要求离婚的是妻，则家具的大部分归于夫，妻只能得一小部分。小孩的分配，通例是夫取两个，妻取一个年幼的。离婚以后，即使女的已与别人重新结了婚过了门，她原先的丈夫要求要与她复合时，她例须承认其要求；由此夫妇两人再过七年的共同生活，而无须举行从前结婚的形式。未婚前女子的贞操问题，在他们既不十分注重，也不十分要求。妻若与别人通奸，夫有打她的权利，但除此以外，也不能有别的满意的要求。夫的气息若很恶臭，妻得据为要求离婚的理由，由这样理由而离婚，不要丧失她的丝毫权利。至于种族首领或王在一切婚姻中的初夜权（Jus primae noctis），在法典中是占很重要的地位；要免除这种实际，故在法典中已规定购买的价格；这在后来便成为中古隶农的结婚税（Marcheta）。至于妇女在社会的地位，她们在人民会议中都有投票权。

爱尔兰妇女的地位，同高卢妇女是相类的：暂时的对偶婚姻非常之普遍；男子若是娶了第二个妇人，而与第一个离异时，须得赔偿她历年在家庭中的服役；至于遗产的分配，也没有合法儿子和私生儿子的区别。这样的对偶婚姻，与盛行于北美的婚姻形式正相仿佛，在11世纪恺撒所目见的群婚生活还未绝迹的时候，更不足奇怪。

爱尔兰的氏族制度，不仅见于陈古的法律中；实际上，到17世纪英格兰遣去的法曹，才把氏族的土地变成为英王的产业。在此以前，爱尔兰的土地还是氏族或种族的共同财产，并没成为族长的私产。一个氏族人员死了，或一个家族绝了，族长又将其全部土地重新分配于各家族。

日耳曼诸民族，在迁徙以前即已组成为氏族，是没有疑义的。他们不过在纪元前几世纪才占领多脑、莱因、威斯笃尔（Vistule，在波兰）和北海各流域；新伯里人（Cimbres）和条顿人（Teutons），在纪元前2世纪的时候，还在盛行迁徙中；而绥耳夫各族（Sueves）亦到恺撒时才寻些一定的住居。

据达西德的记录，有一节最足以证明日耳曼人的氏族制度。他说：日耳曼人看重他的外甥如同他自己的儿子一样；在某几种情形中，外甥与母舅的血脉关系，比较儿子与父亲的关系还要更亲密更神圣；所以敌人每每要求以他们姊妹的儿子为质，比较要求他们自己的儿子为更进一层的担保。日耳曼人若以自己的儿子为质，其后自己不遵守条约而牺牲其儿子，这不过是他自己的事；若是以其姊妹的儿子为质，因不遵守条约而牺牲其姊妹的儿子，这便侵犯了氏族最神圣的权利；所以氏族的近亲在这少年质子还未被敌人处死以前，必百方设法保护：或是原先不把他交出来，或是事后完全遵守条约。由此可见达西德为此记载的时候，原始的母权氏族组织还是存在。不过到纪元前几世纪，向东方与西方大迁徙之后，即已由原始的氏族社会渐渐入了村落社会。所以初移居于多脑河南方的血统社会的表示，叫做 Genealogia，这个表词的意义与"村落社会"差不多。而原来高崎民族（Gaths）与其他高部日耳曼民族定居后的社会组织——所谓 Fara 者，亦为村落社会之异名。据恩格斯的考证，Fara 为 Faran 的转变；Faran 的意义为"行"或"旅行"。可见日耳曼各民族在大迁徙后，即已渐渐由氏族制度变为马尔克（Mark）制度了。

在达西德时代（纪元后 55—120 年），日耳曼民族的母权制方衰而父权制方兴；父的财产由儿子承继；没有儿子，则由父方的伯叔或母方的舅爷承继。容许母的兄弟可以承继财产，可见父权之兴还是达西德时代最近的事体。

母权恰好消灭之另一痕迹，是日耳曼人对于女性之尊重；在罗马人看起来，几乎不可理解了。与日耳曼人订条约，最确实的质证，莫如贵族们的少年女子；若是他们的妻与女有没为捕掳或奴隶之恐怖，便可激起全体日耳曼人奋战的勇气；他们若在妇中发见什么预言，便视之如神圣；即在极严重的情形中，他们亦喜倾听女子的意见。比如罗马威斯巴（Vespasian）帝即位（纪元 69 年）后，著名的西威理（Civills）的大叛乱，即以女巫威尔达（Velleda）为日耳曼人和比利时人的首领，而动摇罗马在高卢的一切统治权。妇女在家内的权威是很大的，她们无论老幼都从事于各种劳动。

如以上所说日耳曼人的婚姻形态，已为近于一夫一妻的对偶婚；然而还不是严格的一夫一妻制，有势力的人大都可以过多妻的生活。

女子的贞操，通常都要严格的遵守，与克尔特人的习惯恰好相反。达西德在他记载中极力说明日耳曼人婚姻关系之固结性，只有其妻犯了通奸的事情才成为离婚的理由。但是他的叙述中包含许多缺点，因为他是带着罗马人的文明眼镜去评判半开化的日耳曼人的。

这个时期的日耳曼人，由氏族制度产生一种"父之仇敌也应有遗产权"的义务，有这样权利的仇敌或与他是亲属关系，或是友谊关系。因此日耳曼人在法律上便产生一种和解律（Wergeld），用赔偿金来代替复仇。这样的和解律在 18 世纪还被人看做日耳曼人的特殊制度，其实这乃是一切经过氏族制度的民族调和复仇行为的普遍形态。此外，达西德所述日耳曼人款待宾客之详情，几乎与摩尔根所述印第安人的情形是一样的。

至于土地的分配，日耳曼民族也如其他各民族一样，经过下列各阶段：（1）最初是氏族共有；（2）分配于共产的血族团体；（3）定期分配于个人的家族。恺撒与达西德的记载，同是日耳曼民族的重要史料；然恺撒所目击的土地分配情形是第二个阶段，而达西德所目击的土地分配情形是第三个阶段。故前此关于达氏记载的解释纷争极烈，现在则已完全不成问题，因为达氏的记载后于恺撒一百五十年，在这一百五十年中日耳曼民族的经济生活由村落集产时代刚刚演进到土地私有时代的发端，这是毫不足奇的。达氏的记载中也说："他们的耕地是每年交换的，此外也还充分保留一些共有土地。"这种农地分配情形恰好适合于当时日耳曼人的氏族组织。

在恺撒时代（纪元前101—前44年），大部分日耳曼人恰好得着定居，并且尚有一部分还在寻觅之中。在达西德时代（纪元后55—120年），日耳曼各民族定居已亘百年，而获得生活资料的生产方法也随着进步。此时他们所住的是丸木小屋；所穿的是粗野的羊毛或兽皮外套，女子与贵人的下衣也还是麻的，大都还未摆脱原始野蛮时代的风味；他们的食物有乳、肉、野果以及麦酱。他们的财富是家畜；但家畜的种数还很恶劣，比如牛体狭小而无角，马也只有小马而没有大马。货币，只有从罗马输入少额的罗马货币，而不大使用。他们对于金银既不知道加工制造，也不知道尊重可贵。铁是很稀少的，仿佛只有莱因与多脑河流域各种族才有少量的输入。他们模仿希腊腊丁的文字，不过用为秘密的书写或宗教的符术，把人做祭神的牺牲，还是他们通常的习惯。简括一句，这个时代的日耳曼民族，恰好由半开化的中期过渡到半开化的高期。

在直接邻近罗马的各日耳曼种族中，因为罗马制造品的易于输入，反阻碍了他们自己五金业和织布业的发展。除了远居于东北或波罗的海沿岸各种族以外，这类产业之不能自行发展，乃是全然无疑的。比方在谢勒威奇（Schleswig）湖畔发见的一些武器碎片——铁长剑、战甲、银盔等等，同着一些罗马 2 世纪末的钱币，以及日耳曼民族的五金制造品；这些日耳曼人的五金制造品本来是模仿罗马的，因为技术不大完成，遂呈出一种特殊的模样。后来半开化的日耳曼民族一经移入文明的罗马帝国，便到处把他们自己的固有产业终止了；只有英格兰一处为例外。

最后，我们又可研究其适应于半开化高期的政治组织：据达西德的记载，处处都有首长（Principes）会议和人民会议存在。最重要的事件归人民会议议决，次要的事件由首长会议决定。在半开化初期，人民会议只有氏族有之，种族或种族的联合还不能有此组织。首长之外又设有军事司令（Duces），首长与军事司令很不相同，完全同伊洛葛的情形一样。首长们的生活之一部分还是与其他氏族人员是一样，所不同的不过以家畜谷物等为其荣誉的赠与；他们也如印第安人的萨响一样，是在同一家族中选举的。后来变迁到父权制，遂同希腊罗马一样，渐渐成为世袭的选举地位，而各氏族中也就因此形成一种贵族。这类上古的贵族，叫做血统的贵族（Noblesse de tribu），其大部分都消灭于迁徙之中，或迁徙以后。至于军事司令的选举，则不问其来历如何，而只问其能力。各军事司令的权力很小，并且一切行动均须遵守先例。而真正的权力乃属于人民会议；种族长或王为人民会议的主席，一切由人民决定：否决的时候，大众喧器表示；赞成的时候，大众的喝采声与武器声一齐喧叫起来。

人民会议同时又是裁判厅，诉讼的判决在此，死刑的宣告也在此。各氏族及氏族以下各团体，皆于一个首长的主席之下为集合性的裁判；事实上，主席的首长不过是辩论上和问讯上的指挥者。在日耳曼各民族中，一切原始的裁判所莫不带有氏族社会的集合性。

日耳曼各种族间的联合，自从恺撒时代以来即已形成，当时在某几个种族之间，已经有后世史家所谓"王"者存在；最高军事首领渐渐带独裁的意味，有时也竟达其目的，如希腊罗马的故事一样。然而这些幸运的篡夺者并没有绝对的权威，不过初由他们开始打破氏族组织的约束罢了。

例如解放的奴隶因为他们不能属于氏族所以居于下级的地位，然而新王身边所宠爱的奴隶常常容易跻登富贵尊荣的阶级。这样的事情，在那些军事首领征服罗马帝国而成为各大国之王以后，尤其盛行。比方在佛兰克，奴隶与解放的奴隶，最初在宫廷中占重要的地位，复次在国政里面占重要的地位；大部分的新贵族，便是从他们中产生的。

这样随着军事组织而来的政治组织，自然容易助成王政之出现。在美洲印第安人中，我们已知道在其氏族制度之旁，怎样因战争的计算而创立些特别的组织。这样的特别组织在印第安人中不过是暂时的，而在日耳曼人中则已取得永久性质的地位。此时日耳曼的军事领袖，业已成为赫赫夺人的大头领，由他集合一些贪得战利品的少年于麾下：这些少年对于他须负人格的忠诚之义务；而他对于这些少年也须留意于怎样满足其掠夺欲望，以及怎样尽其抚循士卒之能事；并且把他们分划为若干等级的组织。比方若是小出征，则头领之旁有护卫团之组织；若是大出征，则又有高级将校团之组织。征战的目的，完全在掠夺；也只有继续不停的掠夺，才能维持日耳曼民族团结的状态。这样掠夺的战争事业发达到恰当程度，一面破坏从前氏族制度的自由，一面促成最初的王政之出现。后来完全征服了罗马帝国，王的扈从的人们，遂与罗马宫廷的臣仆奴隶成为将来贵族的组成要素。

总之：日耳曼各种族形成为大民族的时代，与希腊所谓英雄时代罗马所谓王政时代同一政治组织：（1）人民会议；（2）各氏族的首长会议；（3）渐谋获得实际主权的军事首领。这种政治组织比较它所从出的氏族组织自然更为完全，并且为半开化高期的政治组织之典型。氏族组织到了完成这种新组织的时候，社会情态已经超越原来的各种界限与秩序；最后遂把氏族完全推翻而代之以国家。

第六章

日耳曼国家之形成

日耳曼人是一人口非常众多的民族。我们据恺撒的记载，便可估得各个民族人口的约略观念：当时住在莱因河左岸的雨西伯特人（Usipoteres）和陶克特人（Teucteres）的人口约有十八万人（妇女与小孩在内）；然则每个民族的人口已近十万左右，比伊洛葛全盛时期人口不足二万的数字大了五倍。

当时日耳曼人散布的地域——到威斯都尔河（Vistule）止，约有五十万平方基罗米突。每个种族的人口平均有十万人；每个种族所占的土地平均有一万平方基罗米突。准此计算，日耳曼人的总数在五百万以上；而每平方基罗米突平均有十口人（即每一方哩有五百五十人）。这样人口散布的数字，在现今看来已属非常稀少，而在半开化民族的集团看来则是非常重大。到1世纪初期，日耳曼人的总数恐怕至少也有六百万。

日耳曼人定居以后，人口迅速的增加，工业也随着进步。照谢勒威奇湖畔发见的土品中之罗马钱币看来，当时波罗的海沿岸金属工业和纺织工业业已发达，而开始以其剩余品与罗马帝国交易，这都是人口稠密的表征。

这个时代的日耳曼人，更在莱因河、多脑河和罗马边境的全线——自北海以至黑海，开始举行总攻击，这更是人口愈益增加，势力愈益膨胀的直接左证。这个战争绵亘三百年之久。在这长期的战争中，高崎各族之主要的全种族皆向东南进攻，组成为攻击线之左翼；向莱因进攻的佛兰克人（Francs）组成为攻击线之右翼；而以高部日耳曼人（Haute-allemande）和多脑河上流的日耳曼人为中坚。佛兰克人征服不列颠（Bretagne）之后，到 5 世纪末，虚弱无力的罗马帝国对于日耳曼人的侵入遂完全洞开了门户。然而这种"蛮族"怎样能具这样不可抵御的势力呢？据达西德的意见，他们的武力所以那样强固，完全因为是一种血族的组织。

希腊罗马为上古文明之摇床，然而至此业已老死而入了棺木。在罗马世界的统治之下，从前各种各色的民族和语言的差别不复存在；古的亲族团体及其最后遗留之地方的或民族的自治团体也烟消云散。"罗马公民"的性质不仅绝无若何民族性（Nationalité）之表现，而且只是表现其缺乏民族性。纵然各种新民族的要素到处存在，各州的腊丁语次第分化，而从前意大利、高卢、西班牙等独立领地的自然界限还依然保留，然这些要素都不能结成为新国民的势力，在罗马国家的大刀阔斧之下，其进化力抵抗力和创造力都不能存在。统括偌大领土和那样众多的民众之惟一连带，只有：罗马国家。而罗马国家便是这广大民众之最恶的仇敌和压迫者。各州皆为罗马所破坏；而罗马本身也同各州一样——成为一个州的都市：纵然有些特权，然却不是京城，不是皇帝或副皇的驻在所，因为他们不是驻在君士坦丁堡，便驻在特来福（Treves）或米朗（Milan）。罗马国家是一架巨大而错杂的机关，专以掠夺其人民为目的。各种各色的租税、徭役和征发，使大多数人民日益陷于贫困的苦海。自总督、税吏以至兵士，所加于人民的压迫，已达到不可支持的程度。罗马国家以此赢得支配世界的统治权。罗马国家的存在权，对内在维持秩序，对外在防御半开化人。但他的秩序比没有秩序还更恶劣；所谓防御半开化人，在罗马人民看来，无宁谓为仰待半开化人之速来为他们的救济者。

社会状态，也是同样的绝望。自共和末年以来，罗马的统治权完全建立在征服诸州的榨取之上，并且是无顾虑的榨取。帝政建立后，不仅未取消这种榨取政策，反而使这种榨取政策规则化。帝政衰微，租税赋役愈益苛敛，官吏对于人民愈益无耻的掠夺与压迫。罗马的统治阶级决不从事于工商业，他们所从事的始终不过高利借贷之一事。从前旺盛的商业，类皆覆灭于官吏的苛征之下；普遍的穷困，使商业、手工业和技艺莫不退步；由此人口减少，都市衰颓，农业也回复于极低度的状况。这便是罗马统治世界的最后结果。

　　农业为上古最主要的生产。自共和末年以来，意大利全境差不多都成为使用奴隶的大田庄制（Latifundia），其所行的方法约有两种：或将土地置为牧场，只畜少数奴隶牧养家畜；或将土地置为田庄，畜多数奴隶群众从事于大规模的园圃农作，其出产品一部分供地主奢侈，一部分贩卖于各都市的市场。各都市既衰落，田庄产业遂随着这种衰落与其地主之贫困而破产而灭亡；只有各大牧场还得维持或扩张。于是建立在奴隶劳动上面的大田庄制不能再产生赢利（纵然这制度为当时大农业惟一可能之形态），所以小农业又复成为收支相抵的惟一形态。这样一来，各大田庄次第分成许多小片段出租于一些世袭的佃农；每年的收获，佃农所得不过六分之一，甚至仅得九分之一。佃农固着于土地，可以随着一块一块的土地出卖；也可以说他们不是奴隶，然而他们也不是自由人。他们不能与自由女子结婚；他们相互间的婚姻并不被视为完全有效的婚姻，不过看做奴隶间的单纯的交媾。简单一句，他们便是中世纪的农奴之前辈。

　　由此，上古奴隶制度的职分便到了它的终止时代。大农业和都市的工场里面都没有奴隶制度存在了，因为既没有消纳其生产品的市场，又不能获得赢利。帝国全盛时代的大生产，至此皆代以小农业和小工业；这样小农业和小工业里面都无须使用多数的奴隶。所以此时除富家的家庭奴隶以外，社会中再也寻不出奴隶的地位。然当此奴隶制临终的时候，一切生产上的劳动依然被视为奴隶的事业，罗马的自由人皆不屑为。所以正面是奴隶解放的数目增加，反面是佃农和自由的贫民的数目增加。收支不能相偿，所以奴隶制度终为消灭；然而生产上的劳动，在习俗的遗传上又为自由人所鄙视。于是罗马世界陷于两头无出路：即奴隶的劳动在经济上为不可能，而自由人的劳动又为道德风俗所不许。奴隶的劳动既不能再成为社会生产的基础，自由人的劳动又不许其成为社会生产的基础；所以惟一医治这种状况的方法，只有全般的革命。

佃农外，又有些自由的小农。为防避官吏和高利贷借者计，他们只有托庇于强有力的（诸侯）保护之下。不仅个人知此，全社会皆然。所以 4 世纪的皇帝对于这桩事情发布许多禁令。但是要用什么代价去换这种保护呢？其条件便是农人将其土地奉献于其保护者，其保护者便成为大地主的封君，以过收益的生活。（到了 9 世纪和 10 世纪，教会又极力模仿这方法，以扩张其势力与财产）这又是农人由虎口转入了狼口。纪元 475 年的时候，马赛主教萨尔文（Salvianus）曾愤激的起来反对这种劫掠，他说罗马官吏与封君的压迫比半开化人残酷得多，所以罗马人多逃亡到半开化人所占领的地方去。罗马公民托庇于半开化的人统治之下决不如托庇于罗马统治之下的危险。因穷困而卖子女为奴婢，在当时几成为普遍的现象。

半开化的日耳曼人之侵入，可说是解脱罗马人于他们自己的国家重压之下的好机会。日耳曼人取去他们的土地三分之二：开始是照氏族制度分配；因为征服者的人数比较为少，所以不分配的土地非常之多，而以之为各氏族的共同财产。在每个氏族的各家计团体之间，各有一份平均分配现耕地与牧场；最初是行定期分配法，后来这种习惯在罗马各州里面便丧失了，分配的土地皆成为各家的私有财产，并可自由出卖。森林与牧场依然不分配，保留为共同使用；耕地的分配方法，依古来的习惯由全体议决。许久以来，氏族已固着于村落，日耳曼人与罗马人渐渐混合，因而团体的结合亦渐次丧失其家族的特性而带地域的性质；故氏族遂溶合于马尔克（Mark）的组合之中，而在马尔克里面也可时常发见原来亲族结合的痕迹。所以氏族的组织，至少在法兰西北部、英格兰、德意志和斯干的那夫诸国（因为诸国皆有马尔克的组织）已不知不觉变成为地域的组织，并且熔化于国家组织之中；然而组织氏族之原始的民主的性质还是保存。

氏族、种族以及全民族中的血统关系，随着征服事业的发展而解纽和衰颓；对于被征服者所建立的统治权是与氏族制度不能并存的。此处我们得见氏族与国家交替之大观：日耳曼诸民族既成为罗马诸州之主人，然则怎样组织其被征服的民族呢？既不能把多数的罗马人包摄于日耳曼的氏族团体里面，也不能以少数的日耳曼人去支配多数的罗马人；罗马的地方行政团体大部分在当初还是保持，所以要统治罗马人至少要设立一个等于"罗马国家"的机关来代替罗马国家；这样相等的机关，除了新建一个国家外，没有别的办法。所以氏族的代表者遂转变为国家的代表者，这种变化在各种事态的迫促之下是很迅速的。征服民族最直接的代表者是军事首领；因为征服地域对内的防护要求给军事首领以强大的权力，由此军事首领的军权便变成为王权了。

现在且讲佛兰克帝国。不独罗马帝国的广大领土，为了胜利的萨领族（Saliens），而且还有其他一切宽大无垠的土地，大的，小的，不属于个人的集产村落——尤其是一切大森林地带，都归了他。最高军事领袖变成为王的时候，他所做的第一件事，就是把全民族的财产变为王的所有，而随他所好以赐给或让与于他的扈从。这类扈从的人是原先的护兵和军官，后来又加以宫廷中宠爱的奴隶与臣仆。最初是劫夺人民的土地恩赐于这类人；复次是采用贡纳利益的形式，砺山带河，食毛践土，以之封建于这类人，实际不过又是从新损害人民以建立新贵族的基础。

不但如此；到了这个时候，再也不要梦想用上古氏族的政制来统治这样广大的新王国了。族长会议，久已废弃不能召集，后来遂永远代之以王的侍臣会议；上古人民会议在形式上虽然还是维持，但它不过渐渐变为新贵族与军队中各低级首领之简单的集会。至于佛兰克的自由农人、地主以及平民群众，由永续不停的战争与征服事业的破坏，莫不倾家荡产——特别是在沙立曼大帝（Charle-magne，742—814 年）之下——简直与从前共和末期罗马农人的破产状况没有两样。佛兰克人民从前是全体具有武装的：自从征服法兰西后，因为普通一般贫穷的结果，只有五分之一还能具有武装；最后只能应王之募而成为新贵族阶级的奴隶军队。沙立曼大帝死后，内乱纷起，王权衰弱，诸侯递相篡夺以图继承皇位；最后诺尔曼人（Normands）侵入，遂成功佛兰克农人的完全破产。沙立曼死后五十年，佛兰克帝国之不能抵御诺尔曼人的蹂躏，也如四百年前罗马帝国之不能抵御半开化人的蹂躏是一样。

此时的佛兰克帝国，不仅对外不能抵御诺尔曼人的侵入，而且对内不能维持紊乱的社会秩序。佛兰克的自由农人，降到从前罗马佃农一样的地位。战争和劫掠的横祸无穷，而王权式微，保护能力非常薄弱，所以农人们不得不自置于封建贵族和教会权力的保护之下：但是这种保护的代价是很贵的。如高卢的农人，他们把自己的土地奉献于上等的诸侯，他们再以种种缴纳租税的形式从诸侯手中领土地去耕作，这在事实上不过是换得些新的服役和负担罢了。他们一经降到这个附属地位，便逐渐丧失其个人的自由；不到几代，已经大部分成为农奴。自由农人破产成功之速度，我们一考圣石门普勒寺（Saint-Germain-des-Prés）的土地册便可想见：在沙立曼时，生活于这教会广大的土地之上的有二千七百八十八户，几乎尽是佛兰克人；其中二千零八十户为佃农；二百二十户为奴隶；三十五户为贱民；仅仅八户为自由的村民；然而这尚是在沙立曼时代！从前萨尔文主教对于封君愤激反对与咒骂的劫掠方法，现在又成为教会对于农人所采用的普遍策术。农人奉献其土地于教会，教会又坐过其收益的生活。这样的情形，又要引起以后四百年新发展的起点。

但这样的循环现象，归究起来，不外两事：第一，罗马帝国临终时的社会秩序和财产分配的状况，恰好与当时农工业的生产程度相呼应，而为必不可免之现象；第二，以后四百年中，生产状况既无重大的进步也无重大的退步，所以重新采用从前的分配制度并产生同样的阶级状况，这也是必然而不可免的历程。在罗马帝国的后几百年中，城市对于乡村业已丧失其权威，并且这种权威在日耳曼统治的几百年中仍然莫能恢复。这也是因为日耳曼人的统治仍然立基在农工业发达的低程度之上。这样全般的情形是必然要产生强有力的大地主（诸侯）与附属地位的小农的。从前罗马使用奴隶的田庄制和新的徭役大耕耘之两个方法都多少不能强加于这样的社会。如沙立曼大帝所征发之浩大的徭役，其所建立之各大都城，类皆不旋踵即消灭不留痕迹；只有各大教堂才得继续存在。可见由他所浪费的广大徭役只能用之于寺院等土木工程，而不能用之于生产事业。寺院是些建立在独身主义上面的不规则的社会团体；实际，乃是封建制度必需具有的"不生产的劳动者"之惟一组织。

　　然在四百年中，却有几种进步。上古的奴隶制度业已消灭，而鄙视劳动的自由贫民也久已湮没无存。罗马佃农和新农奴之间，有佛兰克的自由小农存在。临终的罗马帝国之"无益的回顾与徒然的争斗"都已静寂的死了，并且埋了。9 世纪的社会阶级不形成于罗马衰亡的文明死水之内，而形成于新文明分娩的痛苦之中。强有力的大地主和为他们服役的农人之间的关系遂成为以后新发展的起点。此外，这显然很不生产的四百年中，却又产生了一个大莫与京的结果——即产生了近代的各民族，为西欧人类以后历史的改造与重兴之张本。质言之，即日耳曼各民族实复生了欧洲；所以在日耳曼民族时代，欧洲国家虽然解体，犹未至为东方回教徒萨拉森人（Normanosarasin）所征服；不过收益与保护的事业已向封建制度进化罢了。这样的变化，再迟两百年，随着生产的增强而益发展，所以十字军流血虽多，尚能支持而无大损害。

　　临终的欧洲，忽然吸入一支生气勃勃的日耳曼民族的新势力，得以起死而回生，这不是一种不可思议的神秘吗？日耳曼民族，不如一般历史家之所说，是一种天生的神奇势力吗？其实，没有什么神奇，也没有什么不可思议。日耳曼各民族，在这个时代，不过为具有充分发展活力的亚利安种族，并不是天生成他们为复活欧洲的特殊民族；不过单纯的因为他们是半开化人而氏族政体尚有生气，所以能具有那样的活力以复活久为希腊罗马文明所腐化而垂毙的欧洲。

　　他们的能力，他们的勇气，他们的自由精神，以及他们在各种公众事务中之民主的本能——一简括句，即罗马人早已丧失的一切性格惟他们还是具有，所以惟他们能以罗马世界的余烬去组织他们的新国家，扩张他们的新民族。这不是因为他们具有半开化高期的特性而为氏族制度之结果吗？

他们变化了上古一夫一妻制的形式，他们在家族中的权威很温和，他们给妇女以很高的地位，其高为上古世界之所未闻。这不因为他们是半开化人，氏族的习惯和母权时代的遗风还存在吗？

纵然转入了封建国家的时代，至少他们在德意志、法兰西和英吉利三个主要的地方还保留一部分氏族制度于集产村落的形式（马尔克）之下，并且使中世纪的农人有集中于各个地方团结其抵抗力之可能。所以中世纪的被压迫阶级既不同上古的奴隶一样，也不同近代的无产阶级一样。这不因为他们是半开化人，特别使用一种半开化的家族殖民制度吗？

最重要的是在日耳曼人统治之下，发展一种温和的隶属制度（即农奴制度），这种制度以前是使用于他们的本土，后来渐渐使用于罗马帝国，以代替上古的奴隶制。这种温和的隶属制，无异是给农人以渐进的与团体的解放方法，而使之远胜于上古的奴隶地位。因为上古的奴隶制度，除个人偶然有立刻翻身或解放的惟一可能（如被主人宠爱的奴隶等）外，全体的奴隶阶级是决没有解放机会的（上古绝没有叛乱胜利而取消奴隶制度的例）；然而中世纪的农奴制度却有渐渐向近全阶级解放的希望之初步。这是什么缘故呢？也是因为日耳曼人是半开化人，他们还不须采用完全的奴隶制，所以既不用上古的奴隶制，也不用东方的家庭奴隶制。

总之，日耳曼人支持罗马世界和统治罗马世界的一切活力都是半开化人的活力；事实上，此时惟有半开化人才能使久为死文明所压迫所苦老的欧洲复返于少年。并且他们是在半开化高期的大迁徙时代振拔起来的，恰好与上述罗马世界的状况适逢其会，疾风扫落叶，自然是极顺利的。这便足以说明一切了。

第七章

由封建制到近世代议制的国家

　　封建制度是从平等中产生出来的等级权力组织（L' organisation hiérarchique de l' autorité），但卒由平等而演至于专制。欧洲的封建制度，与半开化的日耳曼人之入主欧洲有密切的关系；今欲明了这种制度之起源，必须再述日耳曼人的情形。

　　侵入西欧的各种日耳曼人，很与美洲发见时的各种伊洛葛人相类似，都是在半开化状态中，并且迁徙不定。据斯脱纳博（Strabou，希腊地理学家）说，定居于比利时和法兰西东北部的蛮族还不知道农业，单靠兽肉和乳制品以过生活；这些危险的野蛮人凶恶如狼，他们自由出入于广大的森林地带中，人类虽多，只要添买些奢侈品及少许消费品便能在森林中过满足的生活。斯脱纳博又说高卢人的风俗也是一样的。当恺撒入英吉利时，他看见不列颠人与高卢人同其风俗：他们不知耕土地，以兽皮遮身，吃的是兽肉和乳制品，他们怪蓝色的身体可以骇退敌人，他们的两性生活是兄弟间共妻的。

　　这些半开化人中，平等的精神盛行；习惯与风俗，处处保守一种猎夫与战士的平等气概。当他们得到定居的时候，一部分人开始从事于初步的农业，一部分人依然从事于战争。有名的军事首领不过在组织远征队时号召一些愿意获得战利品与光荣的男子于他的指挥之下；在远征时间中，人人都是要服从他的，如希腊人服从亚格棉农一样。但在食桌上及宴会席上，首领与战士都是平列而坐，没有什么区别；远征队一归村落，他们又都是独立平等的，军事首领便丧失远征时的权威。

日耳曼人征服一块地方，间或也如希伯来人之执行神命一样，把那地方的居民尽行杀死；但通常总只劫掠城市，占领他们所需要的土地而定居于乡村，用他们自己的方法耕种土地，战败的居民仍许其在他们的法律与风俗之下过生活。土地是每个种族授一块的；种族的土地又再行分配于住居各村落的各氏族。几个村落由亲族关系形成一个团体，叫做桑町（Centene，也有叫 Huntari 的，也有叫 haradh 的）；几个桑町形成一个团体，叫做康脱（Comte）；几个康脱形成一个团体，叫做都克（Duche）。这就是公、侯、伯、子、男几等封爵之起点；如佛兰克的茂洛维（Mérovingiens）王朝，就是与这种政治组织初相的衔接的。

凡不属村落所有的土地，归桑町处置；不属桑町所有的土地，归康脱处置；不属康脱所有的土地，归国家（Nation）处置。归国家直接处置的土地通常是很广大的。在瑞典发见的土地领有阶段也是一样的；每个村落有些共有土地；桑町与康脱有些更大的共有土地；最后是国家的极广大的领域；虽国王宣布他有代表国家的资格，然土地还继续叫做共有土地（Terres Communales）。在封建君主政治里面虽然叫做王土（Terres de la Couronne），然所有权也都属于国家。

日耳曼人入了定居的农业生活和受了基督教的影响之后，纵然还有少数的种族固守原来的风俗，然多数已逐渐丧失其战争的习惯。如达西德所知道的日耳曼人类皆摆脱了从前半开化的粗野风俗，他们已成为家居者和耕作者；不过如加特人（Cottes，3 世纪组入佛兰克联邦）则还专门从事于战争。他们的战线散布得很广，四方八面都采取攻势而站于极危险的地位；他们既没有房屋，也没有土地，也不忧愁生活没有来源。他们到处可以获得粮食，所以到处有他们的足迹。于是别些种族的有名战士，都由他们的宴会、献物等兴奋剂集合于他们的号召之下，而准备随从他们做远征的事业。由此加特族的战士以及受了封地的军事首领遂形成一种永久的军事团体，对于那些专门从事农业劳动的种族，担任一种保卫的责任。

但一部分半开化人，甫脱战袍而归顺于罗马；而别部分半开化人又乘之而兴。连续几百年之中，半开化人不断的蹂躏欧洲。罗马帝国要防御半开化人的侵入，乃募集归顺的半开化人，于边界之上广置屯田兵，给他们以土地谷子牲畜及现银。这种利用半开化人以防御半开化人的政策，当然不能不予他们以土地，委他们以国防的重责；但文明的藩篱便从此破决了。

当各方面的战争静止的时候，半开化人已成为家居的耕种者，并且复建他们前此所破坏的文明工程。然而又有一种大祸从新爆发：由战争派生的武装强盗到处劫掠；惨杀与劫掠的恐怖在欧洲绵亘几百年之久。

入寇欧洲的半开化人与已经定居于欧洲的半开化人之间现在直接发生冲突。继续不停的内争，使各半开化民族对外全无势力，因为种族与种族，村落与村落之间互相反对而成仇敌，自然对外没有什么力量。半开化人的内讧，很足以宽舒罗马人亡国之惧，所以达西德说："现在罗马之命运，惟幸敌人之内讧。"

乡村居民，因为要防御强盗劫掠惨杀的危险，乃于村落周围建筑堡寨以自卫。每个堡寨选举一个担任警备的酋长，堡寨里面的居民只要同属于一个种族都是平等的。这种酋长就是后来帝王派遣的封君之萌芽；他最初的职务不过是租税的收集者，人民会议裁判会议的主席，军事的监督者，秩序的维持者。每个堡寨的最高权属于长老会议和人民会议，酋长是要服从这两个会议的权威的。在佛兰克各种族的习惯，凡人民会议命令驱逐的外人而康脱的首领忘记执行，则须处罚两百金钱，这种罚金恰好与杀人犯的赔偿金额相等，可见原先的康脱并没有特别权威。凡后来封君所有的权力，以前都属于村落的全权会议，全村居民都要武装赴会，否则处罚。这样的村落具有一些殖民地和农奴。

日耳曼人一切职务的分工是以家庭作单位的：有专门纺织的家庭，有专门铸铁的家庭，有专门作魔术师和牧师的家庭，父传于子，子传于孙，一种职业与一个家庭成为不可移易的关系；由此遂产生一些特别的种族。村落的首领（对外防御敌人，对内维持秩序）开始是从全村居民中选举，被选的首领既没有什么不同也没有什么特权。后来也渐渐从一个家族中选举。比如在佛兰克各种族里面，便由茂洛维氏族专门供给军事首领，和希伯来的牧师专门由列维（Levys）氏族供给一样。而最后则成为世袭的职位，连选举的形式也不经过了。然首领的职务开始不仅没有什么特权，而且责任非常重大，地位非常危险，什么责任都是归他负着。比如在斯干的那夫各种族里画，倘遇年成荒歉，便认为神怒之表示，而归罪于其王，有时甚至处以死刑。

村落的首领为防守便利起见，所以应有极高大坚固的房屋，庶被攻击时农人可以跑到这个房屋里面来避难。这种战略上的便利，最初是偶然的，后来成为首领必须具有的条件。印度各村落的边境，到处都有这种房屋以为避难和观察敌人之用。所以在一切封建时代，封君都有坚固高大的宫殿，四周建筑堡垒、城墙战壕、钟楼和吊桥；正方形的大钟楼里面又要置一个大手磨，以为农人避难时组织防务贮藏牲畜制造食粮之用。这种房屋或宫殿，名义上是首领的，危险时是共同的。所以在集产村落里面，掘战壕、筑城墙、修宫殿等工程全村居民皆须担负。这种习惯便是后来纳税、征发、军役和徭役的权利之起源。

日耳曼人，无论战士与农夫，都要担负防卫本村落及首领房屋的责任；一闻命令，即须全体武装集于首领的麾下以御敌人，整日整夜驻守钟楼以观敌人动静。后来有些农人为不顿停农务免除这种军事服役起见，乃缴纳赋税于其首领，使他专养一些武装的军人担负防守的职务；各种犯罪的罚金之一部分也是特别用以维持其首领及军士的。

在军事上地位上正当要冲的村落，自自然然成为周围各村落的中心；当敌人来侵时，周围各村落的居民必率其牲畜谷物以及各种动产跑到这个中心来避难；在这种时间中，他们必须缴纳赋税以维持一切军事行动和军士的生活；而这个中心的首领之权威必因此扩张于周围各村落之上。由此自自然然发生封建制度的萌芽。这种萌芽，若没有继续不停的战争与征服事业的催促，集产村落的生活还可停滞几百年之久（如印度村落社会）；否则各自独立的村落必日起于合并，而这种萌芽必日滋日长而形成一种相互权利义务的社会制度，如中世纪的西欧一样。

村落首领在平时是没有什么特权的；但到了战时，他的地位便变成很重要了；人民不仅要给他以收入，而且要给他以忠顺。这些特权开始是可以撤废的；但战争继续不停，则自自然然变成为世袭的特权；不久便形成了坐收赋税和徭役的封君。

封建贵族建立其权威之后，各人为巩固地盘及扩张其统治权计，相互之间便发生不停的战争，彼此企图集中土地财产和社会势力于自己之手。结果，战败的封君或是灭亡或是沦为从仆或是流为土匪头目，而战胜者则变成为头等公爵的大封君。

战败而未至灭亡的诸侯，每每率其败军沿路打劫，不仅劫掠乡村、旅客，而且劫掠富足的城市。由此各城市便武装起来，而托庇于大封君或王的保护之下。

但小诸侯完全消灭，相互间的战争完全停止后，乡村又要恢复安静的状态而所须封君保护之必要必致大减；这个时候，封君不能不抛弃他的土地而自降为王公之臣隶，前此保护其臣仆及农人之地位便随着动摇。从此农人不须要军事的保护，而封建制度便丧失其存在之理由。所以封建制度是从战争产生的，也是从战争灭亡的。

然上之所述，不过为一方面之事实。当各诸侯互争雄长的时候，对于农人早已施行极端苛暴的专制政策；战争绵延，诸侯之国力必致极其衰弱，而农人们必致喁喁望大君主之救助与保护。由此，君主专制政治（或是有限的或是无限的）乘势盛兴，多方利用诸侯间之冲突与战争而愈益扩张其威权与势力。有时各诸侯为势所驱，不得不弃嫌寻好，联合以抗君主；至此君主也不得不有所联合以制诸侯。然则联合谁呢？只有联合各个独立自主的城市。（见第二篇第十三章）

各个独立自主的城市，在本地封君的压迫和连续不已的战争情况之下，早已自行武装，形成为小小的共和国，就是所谓自由市府或城市国家。城市国家因为抵制本地诸侯的压迫，所以也愿意与君主携手，而直接纳税于君主。城市共和国的主体，是由制造业起家的第三阶级（Tiersétat）。在制造业发展的全时期中，第三阶级（即后来的大资产阶级）在君主与诸侯的政治争斗里面成为举足轻重的要素，而各大君主专制政治国家之隆盛，即系倚靠第三阶级为柱石。但是大工业与世界市场不停的开拓，资产阶级的势力不停的扩张，于是君主又不得不与诸侯联合以压抑资产阶级而永续其命运。由此，资产阶级的革命到处爆发；结果，到处都由它独占了政权而组织近世代议制的国家，近世代议制的国家，实际不过是资产阶级一切事务的行政委员会；资本主义发达到最高度的时候，便变成为帝国主义的国家，为全世界无产阶级和压迫民族之恶敌。

第八章

氏族与国家之兴替

我们在以上所述伊洛葛、希腊、罗马和日耳曼四大特例中，可以追踪氏族社会之所以存在及其如何解体之行程。据我们所具有而经判正的考证：氏族社会产生于野蛮时代中的中期；发达于野蛮时代的高期；到半开化时代的低期已达其繁盛之极点。所以我们不妨认此为进化阶段之起点。

伊洛葛人的氏族，最与吾人以说明之方便，因为我们仅得在此处发见完全发达的氏族社会。一种族是集合几个氏族而成的，原始的氏族人数增加的时候则分出一列姊妹的氏族，而母氏族遂成宗族之形态。种族的本身又滋乳为若干种族，此若干种族之大部分便是从前的老氏族。更进则有种族之联合，至少在某几种情形中，几个亲近的种族，有一联合的组织。这种简单的组织是完全适应于产生它的社会条件的。这种组织不过是自然凝结起来的，在它的内部不能发生后世社会的一切冲突。至于外部的冲突（战争），在这种简单的组织遇之亦容易解决；因为全种族宁可灭亡，而决不降伏。这种简单的组织既不需要统治权，也不需要奴属的地位。这固然一方面是氏族制度的宽大，而他方面也是氏族制度的弱点。在氏族社会里面还没有权利与义务的差别：比方分担一切公众事务、复仇或容收外人，这是权利也就是义务；吃饭、睡眠、打猎是义务也就是权利；

此等事情若还要请求或命令，在他们看来是很荒唐的。至于把种族或氏族分成为若干不同的阶级，在他们的社会里更不能有这样一回事。凡此都可引导我们来考究其各种秩序之经济基础。

这种社会，人口是极稀少的。在每个种族居住的地方不过相当的稠密一点；围着每个种族的住居有一带广大的猎地；其次有一个保护森林的中立地带，以为间别其他各种之用。此时的分工纯粹是自然的分工；换过说，此时只有男性与女性的分工。男子从事战争、渔猎、供给工具的材料，以及食物的原料；女子管理家屋、粮食，及做衣服烹饪纺织缝纫等工作。男女都是产业的主人：男子在森林里面，女子在家屋里面。男女都是自己所制造或使用的工具之财主：男子为武器和渔猎器械之主人，女子为家具之主人。家庭是众多的家族共同的；房屋、园圃和船只都是共同使用的共同财产。近世法学家、经济学家应用于资本主义社会之"财产是劳动的结果"这句话，惟有应用于这样的社会才算恰当。

但是人们决不会永远停止在这样的程站里面。在亚洲的人们，他们最先发见可以驯养的兽类，然后捕野牛而畜之；每条牝牛每年可生一条小牛，并可供给多量的牛乳，由此畜牧之用大宏。极前进的种族如亚利安族和闪密的族，他们由驯养家畜而入于游牧时代；牲畜愈发达，他们所散布与占领的地面愈远大。于是，这几个游牧种族便从多拉尼亚高原（亚利安族与闪密的族以前皆住在Touraniens）其余的野蛮群众中（在半开化的初中期之间）分离出去：这便是人类社会的大分工之第一次。

游牧民族不仅比其余的半开化人更繁殖，而且比其余的半开化人生产些不同的丰富的生活品。他们具有丰富的兽乳、兽肉以及乳制品；此外还有丰富的兽皮、兽毛，以及大宗毛织物的原料。他们剩余的货物既多，于是物物交易开始成为常规的事业。在以前的时候，只有在同种族之间偶然发生一点交易的事情，所以交易不过是偶然的或例外的；但一到游牧种族从其他野蛮人中分离出去之后，各种族间交易的必要条件即已具足，故交易事业遂发展巩固而成为常规的制度。最初，种族间的交易，系互以其族长作经纪；但到了畜群开始成为私产的时候，个人的交易逐渐盛行，卒至成为惟一的形式。游牧种族和其邻近各种族交易的主要商品是牲畜，所以牲畜成为一切商品的价值标准之主要商品，到处都可用牲畜交换东西。简单一句，牲畜实代替了后来货币与现银的作用。这是必要的，因为在货品交易发达的开始，即迅速需要一种代替货币作用的商品。

园圃的耕种，是农业的先导，在半开化初期的亚洲人或者还不知道，他们迟到半开化中期才发明这种产业。多拉尼亚高原的气候不宜于畜牧生活，因为没有刍秣以度长久而严寒的冬天；所以亚利安人和闪密的人只有率其畜群而他去。可是此外对于谷类的耕种却具有天然的条件；黑海北方各荒原也是同样的情形。但最初人们不为豢养家畜而种谷类，后来才以之为人们的食粮。耕种的土地不用说还是种族的财产，复次分配于各大家族，最后才分配于个人。个人虽有某种限度的占有权利，但还不是固定的。

在这个时期的各种工业发明中，特别有两种是很重要的：第一是纺织，第二是镕矿与金属工作。铜与锡，及二者的混合物之镕制，是很重要的；因此发明一些铜制用具与铜制武器；但仍然不能代替石器而将石器时代取消；这样的事情惟有到铁器发明才为可能，然而此时的人们还不知道取铁与镕铁。金与银是已开始做宝玩与装饰品使用了，并且其价值已比铜属为高。

随着畜牧、农业、手工业各派生产的发达，人们的劳动力已能制造许多他们所从未曾有的物品以扩大其生活。伟大的生产力与每日劳动的总和同时增加，各氏族内渐渐感觉劳力不够。由此自然而然发生一种囊括一切新劳动力的志愿。但以什么方法来满足这志愿呢？便是战争。战争的目的在捕获俘虏；于是遂把战俘变成为奴隶。劳动生产力增加，所以财富也增加。第一次社会的大分工既扩大了生产的范围，到了一切历史的条件具足的时候，必致产生奴隶制度，乃是毫无疑义的事。所以我们可以说，由第一次社会的大分工产生了第一次社会阶级的大分裂：即主人与奴隶，掠夺者与被掠夺者。

种族或氏族的共同财产，在什么时候以什么方法变为各家长的财产？这样的问题，直到现在我们还不能十分明白；然这种变化，大旨应当在这个时期才得产生。这个时期，随着畜群与一切新财富的发展，家族中业已起了一种革命。男子的地位莫不是利益的，由他制造的必要工具与物品，都是他的财产。家畜更成为利益的新方法，开始的驯养，复次的看管，都成为男子的事业。牲畜属于男子，也就是商品与奴隶属于男子，他们可用牲畜交换奴隶。总之，一切利益可以使全生产归于男子，妇女不过随着男子享受罢了。

以前野蛮的战士与猎夫，常以在家中居于妇女之次位忻然自足；现在温良的牧人则不然，他们以财富自雄而居于第一位，贬谪其妇人于第二位。从前家庭的分工即已规定了男女间财产的分配；现在分工虽然还是一样的，可是分工的状态已变更了。从前妇女以专执家庭劳动而树立妇女在家庭中的优越地位，现在妇女以专执家庭劳动而树立男子在家庭中的优越地位；并且男子生产的劳动愈重要愈发展，妇女的家庭劳动即愈被其隐灭而居于不重要的附属地位。由此可知妇女解放与男女平等地位的意义，若妇女仍被排除于社会的生产劳动之外而专审在私人的家庭劳动之中，乃是绝对不可能的。妇女解放，惟有当她能参与广大范围的社会生产而家庭劳动缩小至于最小限度的时候才可能。这样的条件惟有在近世的大工业里面才能实现，近世的大工业不仅容许妇女劳动于广大的范围以内，而且显然要求妇女参与，并有渐渐使私人的家庭劳动变为公众事业之势。

男子在家庭中的实际权威，最后扫除了一切与之反抗的障碍；这种男性的绝对权威更由母权倒霉父权行世（在由对偶婚变到一夫一妻制的时候）而益加巩固。这种变化又于氏族的旧制度之内生了一个大破绽。由此私人的家庭成为一种势力，并崛起向氏族社会示威。

极迅速的进步，引导人们到了半开化的高期，当此之时，一切已开化的民族都经过所谓英雄时代，即铁剑时代，也可说是铁犁铁斧时代。人们既有了铁器，遂成为一切重要原料之主人，自金属以至地苹果这些极重要的原料，在历史中实占了一种革命的地位。铁可以开拓极广大的农业地面，与森林地带；而给劳动者一种极其坚硬与锋锐的利器，其坚硬锋锐为一切石器与其他金属工具所不能抵挡。但铁器并非起初就有这样的程度，也是渐渐才有的，因为最初的铁比铜还更软。所以石器要慢慢才归消灭；石斧不仅在伊尔德伯郎（Hildebrand）的歌谣中发见，在 1066 年哈斯丁（Hastings）的战场中还出了面。但这种进步不断的进行，他的态度是很激急的。

由村落变成的城市，现在已包围于石头砌成的城墙之中，城墙上面有些钟楼；城内的房屋也有石砌的，也有砖砌的。这样的城市是一个种族或几个种族联合的集中住居。这样，一面是建筑术的重大进步，别面又是危险与防护的需要增加之表征。财富虽增加得快，但是在个人财富的形式之下增加的。纺织、五金工作，以及其他手工业皆逐渐的专门化，使生产事业愈完成而愈驳杂。农业于谷类外又能供给菜蔬与果食，以及多量的油与酒。劳动既复杂，势不能以一人之身兼做各事，由此手工业与农业分离，遂完成人类第二次大分工。

生产和劳动不停的增进，自然会把人类劳动力的价值增高起来。奴隶在以前的时候不过为偶发的新生的事态，现在成为社会制度主要的要素。此时奴隶再也不是简单的助手了，乃成群结队的领到田原或工厂中去做工作。

因为生产分成为农业与手工业两大支，于是生产根本变更其性质：从前是直接为消费而生产，现在是直接为交换而生产。商品生产，就是由此产生出来的。随着商品生产而来的便是商业，此时商业不仅行于种族内部与各种族之边界，而且行于沿海各岸。然而商业还未充分发达；贵重的金属才开始成为货币商品，虽然渐渐有推行普遍之势，但是人们也还不知道加以铸造，他们不过是按照其重量以为交换。

由新分工的结果，又惹起新社会阶级的分裂。所以于奴隶与自由人的差异之外，又发生贫富的差异。因为各家长的财富之不均，遂破坏了从前共同耕种的集产村落社会。耕地开始分属于各个家庭，复次完全为各个家庭所永有。私有财产之渐渐完成，是与对偶婚过渡到一夫一妻制并行的；家庭至此遂开始成为社会的经济单位。

此时人口已比较稠密起来了，对内对外不得不建立更密切的关系。于是若干血统相近的种族之联合，到处成为必要；几个联合的种族不久便把他们各自的土地合并起来而成为一个民族的土地。于是每个民族的军事首领——或叫 Rex 或叫 basileus 或叫 thindans——也成为必不可少的永久官职。由此更要产生人民会议——这是以前还没有的。军事首领，议会，人民会议，都是氏族社会向军事的民主政治进化的表现物。因为战争频起，军事的组织必然成为民族生活的常规职务。

邻近种族的财富，足以惹起最初以掠夺为业的贪欲。他们都是半开化人，掠夺在他们看来是很容易的事，并且以为比较劳动之所得更为可贵。战争在从前不过为复仇、篡占或扩张土地时用之，然而并不多见，现在则专成为劫掠事业的家常便饭。城市的周围从新建筑城墙，也不外是向氏族社会示威：城壕无异是给氏族社会掘了坟坑，城楼无异表示其高度已达于文明。劫掠的战争足以增高军事首领的权力以及内部首领的权力；后继者的选举，渐渐习惯于同一的家族之中（尤其是父权采用以来），最初还不过是一种宽大的世袭的状态，复次是公然宣布，最后是公然篡立；世袭的王政和贵族政治的基础是从此树立的。

氏族政体的各机关，渐渐拔出其根基于人民、氏族、宗族和种族之中，而政体的全部是颠倒的：即种族的组织系以自由管理其事务为目的，而氏族政体反成为以劫掠与压迫其邻人为目的的机关。氏族既照着这样的目的进行，于是它的一切机关再也不是民意的工具，而成为统治人民与压迫人民的独立机关。但这种变化，若不是氏族内部划分了贫富两阶级，是决不会起来的。

至此人们已入了文明的门户了。文明的门户是由分工的新进步洞开的。在半开化初期的时候，人们不过直接为自己的需要而生产；纵然也有几种交换行为，不过以其剩余的货物偶尔为之。在半开化中期，游牧民族中已发见一种家畜的财产，家畜繁殖成为大畜群的时候，剩余货品遂能有常规的供给。同时游牧种族与落后种族分工之结果，产生两种不同的生产程序与单位，至此常规的交换条件即已具足。到了半开化高期，又产生一种农业与手工业的大分工，由此直接为交换而制造的物品不停的增加，并且促进两种生产者之间的中间人的地位，使之跻于社会生活的必要行列。文明不仅巩固并且增进一切已经存在的分工，特别是增进城市与乡村间的抵抗，因为乡村的经济常常为城市所支配。此外更有可注意的，便是文明降临，又增加了人类第三次的大分工。这个分工是什么呢？是创立了一个再不从事于生产而专门从事于交换生产品的商人阶级。

以前惟有生产能决定新阶级的形成；参与生产的人不过分成为管理者与劳动者。现在于以上两个阶级之外，又出现一个决不参与生产而能在经济上普遍支配生产并隶属生产者的商人阶级；这个阶级成为两种生产者之间必不可少的中间人，而彼此都由它剥削。商业的口实是解除生产者的各种困难与危险，而把生产品推销于极远的市场。商人在生产上似乎为极有益的阶级；实际，他乃是社会真正的寄生虫，专赖居中操纵赢得最重要的财富地位，而其最后对于经济生产上的贡献，不过是惹起一些定期的商业恐慌。

商业发展到这个阶级的时候，实际还幼稚得很，当然还没有达到上述重大的事体。然充其发展之可能是必然要达到那样地步的。由商业的发展，又产生金属的货币；铸造的货币渐渐成为不生产者用以操纵生产与生产者的新工具。谁是生产世界的主宰，谁执一切众生的命运？就是执持货币的商人。这种地位是由现银的铸造确定了的。自从现银的妖魔出世后，一切商品以及一切生产者皆五体投地俯伏于他的前面。一切别的财富的形式，逢着这个妖魔的面孔，莫不相形见绌而成为听命惟谨的贱货。这个妖魔虽然还在初生时期，然"自从盘古开天地"以来，从未见过一种这样凶神恶煞的势力。现银于商业盘剥之外，又成为高利贷借事业的母亲。后世再也没有同上古雅典与罗马高利债权者蹂躏债务者的法律之残酷；然这样残酷的法律，在以上两个地方都是自然产生的习惯法，除了经济的必要外，没有别的强制力使之发生。

不但如此；此时于商品、奴隶和现银的财富外，又出现一种土地的财富。从前由氏族或种族一份一份分配于个人的土地权利，现在巩固为世袭的财产权。最后他们公然宣布这种分配法于他们为一种束缚；他们努力将这束缚解除，于是土地遂成为他们的新财产。这种新财产的意义，不仅是完全无限制的具有，而且可以自由买卖。以前土地还以氏族为地主的时候，出售是决不可能的。现在新地主完全把氏族或种族的束缚取消，自己为直接的地主并且把以前氏族人员和土地不可分离的关系完全打破。这种变化也是因为现金出世：土地一面成为暂时的私有财产，一面成为可以贩卖得利的商品，再则以土地为抵押品的方法又已发明。抵押制之接着土地财产而起，也如卖淫制之接着一夫一妻制而起是一样的。

随着商业，现银，商利借贷，土地财产和抵押事业的膨胀，财富积聚并集中于极少数的阶级之手；同时民众的贫困与贫人的数目也飞速的增加。财富的新贵族阶级，到处都把从前种族的贵族推倒而使之落于贫民的地位：如在雅典、罗马以及日耳曼都是一样的。于是自由人又按照财产分成为几个阶级；特别是在希腊，自由人变成为奴隶的数目异常增加；奴隶的强迫劳动，是当时希腊社会一切建筑物的基础。

现在可注意的是氏族社会中猝然而起的革命的进行。新生的各种要素，氏族没有力量可以管束，氏族社会最重要的条件是一个氏族或一个种族的人员都要固定的集居于同一地方。这样的事情，许多以来已经终止了；到处的氏族和种族已经混合了；到处的奴隶、居留客、外人，都杂居于市民之中。氏族社会之固定，不停的由频繁的迁移，住居的不定，贸易的转徙，劳动的变化，以及财产的升降而动摇。氏族的人员从此不能集居以株守从前共同的事务。他们再也没有空间来从事于那些不关重要的事情，如各种宗教的祭节等等。从前适合于保卫各个成员的需要与利益的氏族社会，至此因为劳动关系的革命和社会关系的变化，不仅于氏族社会的旧秩序以外发生一些新利益与新需要，而且这些新利益与新需要是完全与氏族社会的旧秩序直接冲突的。

由分工的结果，各种各色的手工业者组合一些各为其行业利益的团体，又产生一些城市的特别需要，这些都是与乡村的利益及需要相反的，必然要求设立些新的代表机关；结果，果然设立了。但这些团体的每一个，都由一些属于不同的各氏族各宗族或各种族的人员组成的，就是外国人也包括在内。这些新的代表团体都是形成于氏族以外的，最初是与氏族社会并立，复次是反对氏族社会。并且每个氏族组织的内部莫不轮流发生利害不同的冲突；这种冲突，因为集合贫人与富人，债权者与债务者于同一氏族或种族里面而达于极点。由此驱使大批新的平民群众，与氏族组织以外的人们结合成为一个地方的势力；而仍然留在氏族行列以内的人们自然不很多了。氏族组织，此时在群众看来，乃是一种特权的关门的团体；原始的自然的民主政治，现今已变成为可憎的贵族政治了。一言包括，氏族制度乃是从没有阶级抵抗的社会产生的，乃是从原始的共产社会产生的，除开公意以外，没有别的强制方法；现今经济情形既已根本变化，自然一切都要革故鼎新了。

但是按照新的经济条件的总和刚在铸成的新社会，它开始便把人们划分为自由人与奴隶，富的掠夺者与贫的被掠夺者。这样的社会不仅不能调和阶级抵抗，反而使阶级抵抗愈增严重而达于极端。这样的社会只有藉着不停的公开的阶级争斗才能存在；或者统驭于公然建立在阶级争斗和利害冲突上面的第三种势力之下，而任对抗的阶级在经济地位上做所谓合法的争斗。氏族社会的生命已经过去了；它由分工——把人们分成为若干阶级——完全破坏了；于是国家乃代之而兴。

由以上各章看来，建立在氏族废址上面的国家，可以得到三种主要的形式。雅典的国家是直接由氏族社会产生的，其时氏族社会内部所发展的阶级抵抗显然可见，故雅典的国家形式为最完全，并且最古典。其在罗马，当时的氏族社会业已成为闭门的贵族政体，其中多数的平民负担各种义务而被排除于各种权利之外；等到平民胜利的时候，遂破坏氏族的旧政体而建立国家于其废址之上，不久氏族的贵族与平民遂混合了。至于战胜罗马帝国的日耳曼民族，他们的国家是直接由于征服外国广大的领土而其原来的氏族制度不足以资统驭产生的。因为这样的大变化是由征服事业引起的，所以旧的氏族社会里面既没有起严厉的争斗，也没有起完全的分工；又因为战败者经济发达的程度与战胜者经济发达的程度几乎相同，并且旧社会的经济基础尚是存在，所以氏族还能在马尔克的形式之下维持几百年之久，并且在某几个时期，氏族的面目反觉返老回童。

所以国家完全不是社会以外的强制权力；更不如黑智儿所说是一种"道德理想的实践"或"理性的实现与想象"；它乃是社会进化到一定程度的产物。当社会分裂为几个不可调和的阶级抵抗与经济上发生利害冲突的时候，社会自身不能克制或医治这些冲突与抵抗；然而这些冲突与抵抗决不能自作自息；社会无穷的罹受这些无益的争斗，便自然而然要求一种显然统治社会的势力来平息各种冲突而纲维一切于"秩序"的界限之内。这种势力是由社会产生的，但是建立在社会上面，并且渐渐与社会隔离。这种势力是什么呢？就是国家。

以国家和氏族社会的旧组织比较起来，国家的第一种特性是按照地域以分配其组成分子之人口，简单说，便是以地属民。从前的氏族社会则不然，它的组成与维持，完全由于血统的关系以及团居于固定地方之感情；然而这样的事情，许久以来已不存在了。土地是不能移动的，但人们是可以移动的。自从人们知道划分行政区域，于是便任其公民各在所居之地以行使其权利与义务，而与氏族或种族全不相干。隶于国家的人民，按照地域为组织，乃是一切国家的通性。这种组织，在我们现在看来，好像是自然的；但在当时不知经过几许长期的困难与争斗（如在雅典与罗马）才得取到旧的种族组织之地位。

国家的第二种特性是所谓公共势力（Force publique）的组织；这种公共势力并不是直接从以前民众的武装势力而来的。然而这种公共势力（实际是特殊势力）却是必要的，因为自从阶级分化以来，民众自然产生的武装组织已成为不可能之事。平民的最大多数业已成为奴隶；比如雅典的奴隶有三十六万五千人，而成为特权阶级的公民不过九万人。雅典民主政体的武装人民，乃是对付奴隶的贵族阶级的公共势力，用以看管奴隶的，就是对于一般公民也须设立巡警去管束。这种公共势力，在一切国家中都是存在的；这种公共势力不仅有些武装的军人，而且又有些物质的附属物，如牢狱和法庭之类——这类东西都是氏族社会所没有的。这种公共势力在阶级抵抗还没发达的社会尚不十分重要；但在阶级抵抗发达到极点的国家，以及近代竞相侵略其邻国与弱小民族的资本帝国主义的国家，这种公共势力的扩张与准备，乃有覆灭社会全人类以及国家的本身之趋势。

为维持这种公共势力，于是公民对于国家要负担租税的义务。租税，在以前的氏族社会是完全不知道的。后来随着文明的进步，租税还不够开支，国家乃创立所谓国债而发行公债票。国家既有公共势力与征收租税的法律，于是由社会设置的官吏便高居在社会上面了。

国家是由于控制阶级争斗的需要产生的，但它的内部又产生一些阶级争斗。照普遍的定律说，国家乃是在经济地位上极占优势的阶级的机械，这个阶级藉着国家的设立又成为政治上的支配阶级，并且由此又造成一些掠夺被压迫阶级的新工具。比如上古的国家乃是奴隶所有者用以控制其奴隶的工具；封建的国家乃是贵族阶级用以隶属农人的工具；近世代议制度的国家乃是资产阶级用以掠夺工钱劳动者的工具。然而也有例外：当两个阶级的争斗均衡不相上下的时候，此时的国家好像暂时独立于彼此之间而现出中立者的面目。比如 17 世纪和 18 世纪的君主专制政治，乃是建立于贵族阶级和资产阶级的均衡之上的；法兰西第一拿破仑的帝政和第二帝国，乃是建立于利用无产阶级以反抗资产阶级和利用资产阶级以反抗无产阶级的背影之上的。这一类的最近产物，就是俾斯马克式的德意志新帝国，也是建立在资本家和劳动者彼此争斗的均衡上面的。

历史中所有的国家，其给与公民的各种权利都是按照其财产为等级的；由此便可公然证明国家是一种保护有产阶级以对付无产阶级的机关。如雅典和罗马的国家，其给与公民权利的等级都是按照其财产规定的。在中世纪封建的国家里面也是一样的，封建的政权是按照土地财产为分配的。就是在近世代议制的国家里面也还是一样的。然而这种财产差异的政治面目并不是表示国家进化程度之高，反是表示国家进化程度之低。较高的国家形式是民主共和——这在近世具有的各种社会条件中已逐渐成为必然的产物，并且在这种国家形式下只能激起资产阶级和无产阶级最后的争斗。民主共和已不能公然承认财产的差异了。

在民主共和国中，富人只以间接的方法执行其势力，但也是极有力的。一方面是官僚贿赂政治的形式（如美国），别方面是银行与政府联合的形式。这种联合是随国债的日益增加，生产和运输等社会行为日益集中而完成的。美国以外，法兰西共和国又是一个显著的例；就是小小的瑞士也是一个例。但也有资本与政府虽然亲密联合，其国家形式却不必须要一种民主共和的招牌，而普选程度已达于较高之点，如英如德皆在此例；并且资产阶级即直接藉普通选举以行其支配。许久以来，被压迫阶级因为自己解放的程度还未成熟，所以它只得承认现社会秩序是惟一可能的，并且自己形成为资产阶级之极左翼。但是它到了自能解放的时候，它便会以自己的代表（非资本家的代表）组成它自己的不同的政党。所以普通选举在现在国家里只可给劳动阶级作一个自觉程度的寒暑表，此外更不能并且决不能有所进益了。然而在资产阶级民主政治之下，只要如此也就够了。到了恰当的时候，无产阶级起而征服政权，则无产阶级民主政治所达到的沸度必比资产阶级民主政治为更高。

是故国家不是永远存在的。在它所从出的远古的氏族社会里面并没有国家和政权的意义。经济发达的程度到了自然惹起社会阶级分裂的时候，才由这种分裂形成国家的必要。现在生产发达的程度已使我们大踏步的接近了这样的时代：即阶级的存在不仅不必要，而且成为生产上的大障碍。阶级必致于消灭也和其必致于发生一样。随着阶级的消灭，国家也必致于消灭。到那时候，社会将从新组织于生产者自由平等的和有组织的生产基础上面，而将全副国家机关移置于上古的博物院，使之与手纺车、青铜斧并排陈列。然这不是一朝一夕可做到，要待世界无产阶级革命后才能做到。

第九章

各种政治状态与经济状态之关系

　　氏族社会之政治形态，吾人于伊洛葛已可概见一般；伊洛葛的政治形态，乃是原始民主政治之完全典型。这种形态，完全是伊洛葛人经济状况的表现：生产者均是生产品的主人，收入状况全然相等；这部分人不得掠夺别部分人；这部分生产者不得凌驾别部分生产者。因为经济上没有分成阶级，所以也没有阶级抵抗，自然不需乎专制的集权的政治。劳动的共同，除却自然强制之外，决不需要任何人为的强制力于其间，所以经济关系的常态常能按照自然的秩序而发展，人们的关系也能完全确保其自由。

　　在村落集产时代，村落即成为经济的自治团体。比如日耳曼人的马尔克，耕作者仍是共有其土地，共同其劳力，完全立于平等制度之下。这种经济平等的结果，政治的平等必然与之相适应。所以全氏族人员都能参与人民会议，为马尔克之最高权力机关，播种和收获时日的规定，酋长和各种职员的选举，税额的平定等事项，都由这种会议决定；决定之后，人人都有服从的义务。这种自治团体不仅未与社会分离，并且为有组织的社会之本体；共同政权，实为当时共同劳动和共同经济状态之反映。马尔克法律一面具备共同主权之体制，一面欲使劳力效率增高，对于人员的自由略有几分约束。然这种约束，完全本于生产上之必要，不仅使孤立生产者归纳于共同生产团体，并使共同生产团体足以强制其所属人员，俾有效之共同劳力得以充分发达。组成分子的自由，虽略受几分限制，然而并非出于上层阶级之权力，其目的亦非违反各个人员的利益。共同的意志是由各个人员形成的，各个人员即为这种意志之一份。一言包括，不外为生产者保护自己之利益，而自愿服从这种限制。故在这种社会组织之下，由经济的平等，产生完全自治的制度。即如印度村落之酋长，他行使专制权威的时间，只限于生产时间，即村落居民从事于渔猎耕稼的时候，这也与马尔克的强制同一理由。

共同劳动，为原始共产社会和村落集产社会的基础，这种社会与共同财产制相终始；私有财产制出世，这种社会即归于湮没。私有财产的派生物，第一是阶级，第二是国家。它所及于政治组织的影响，首先是破坏种族组织的编制而代以领地组织的编制。从此，国家的人民并不属于同一种族或民族，故领土日益扩大，人口日益增加。从前因为要使劳力结合于族制以内，故对于领土的扩张和人民的增加皆有严厉的限制；自此以后，这种限制完全归于消灭。

私有财产不仅使政治组织变化，而且使主权的性质根本变化。在集产制的自治团体——如马尔克，不过在一个村落或部落内具有一种组织的能力，此外完全与社会同为一体而没有区别；及私有财产制确立，政权集中于少数富人之手，国家遂与社会断绝从来关系，仅代表社会中一小部分人之利益，并且为最少数人用以压制最多数人的武器。故国家对于有产阶级和无产阶级之关系，显然划分为二：有产阶级居于支配和统治的地位，而无产阶级完全居于被压制的地位。国家的强制行为，对于有产阶级可以无限减少，而对于无产阶级可以无限增加。所以由此有产者及其寄生虫得以免除劳动的义务，而治人和治于人的大分工亦因而开始。有产阶级为保护并增殖自己的利益而创立国家，则国家对于最大多数无产的人自然要采取违反其利益之行动；所以国家的强制权力亦不可不强大。故自私有财产制设定之后，国家权力必然增加。国家权力增加，则其实质亦必变化，而成为有产阶级进攻退守之凶具。

豪富自握政权，故富即为权力之表现。通观私有财产演进之各阶段，莫不到处可以发见这种真理。每个时代的政权支配者，即为每个时代经济上的优越阶级：如上古希腊罗马之奴隶所有者，中世纪之地主，近世之资本家，莫不为政治上最高权力之阶级。

当私有财产初盛而国家还未创立的时候，管束奴隶劳动之全权，完全由各个财主之自主，各个财主欲取其财产之收入与谋其财产之增殖，即直接行使其个人的无限制的权威，初还不觉有团结其同等阶级之人以把持政权之必要。然一旦觉到奴隶人数之众多以及叛乱反抗之可畏，则国家之组织势必迅速促成而财主个人的权力势必集中于国家的形式之下，使国家运用其阶级的权力以对付其奴隶。这类上古的国家，最初虽然是种族的贵族占优势，然不久即为财产的贵族所承继。通观上古的变化，在政治上常占优势的，完全是经济的主权。

中古的隶属制与上古的奴隶制很有差别，所以政治的组织亦远不相同。上古末叶，土地生产力衰退，奴隶制与束缚劳动者身体的方法，渐渐不能适用，所以隶属制代之而兴。隶属制是为救济衰退的生产状况与改良劳动情形产生的，所以比较奴隶制宽大温和得多。隶属制内，从属的人数虽然扩张（因为自由贫民的沦入），但其压制程度则较前大减。从前财主对于奴隶的身体有处置之全权，故得榨收最大的利润；在隶属制则不然，凡隶属者所受分配土地，对于地主只纳一定的租额，地主的收入是有限的，远不能如前此财主对于奴隶之尽量榨取。并且封建制度把主权分于个人，行使主权者非地主之全体，但为每个地方的地主。还有一层，地主亦不能专有其政权，必须再分与教会的僧侣及其所属的家臣。僧侣与家臣为维持封建制度之要素，既受收入之分配，又得政权之参与，故收入制度若有变化则政治主权也随着变化。

及至中世纪末叶，资本主义的生产方法迅速完成，隶属制度不能适用，于是"自由劳动"始随着"自由贸易"等口号同时宣布。资本家以领有资本和生产手段之一事即可收得最大的利润，所以对于劳动者的身体无须具有什么主权。于是个人的主权复与财产关系分离，而再现团体的或阶级的主权之形式。然这种形式与上古的形式有一种重要的差异：上古须自由民才得享受政权，须有财产才得具有自由民的资格，即财产自由和政权成为三位一体的东西；近世则不然，法律上的平等自由无关于财产，而具有这种资格之无产者亦无关于政权之实际。上古制度，法律之上自由与财产有密切关联，而阶级的主权之分配亦包含于其中。然至近世，法律上之自由早已与财产的差异分离，最大多数具有平等自由资格的无产者实际不能参与政权，故政治主权实归资产阶级及其不生产的劳动者（资产阶级的政党、律师、新闻记者等等）所独占。资本家无须以个人的主权来维持其收入制度，故主权形式不如中古之单独的享有，而为阶级的享有，这完全是由经济事实决定的。

奴隶制和隶属制时代，财主和地主得依当时生产制的便利，免除其蓄财经营之俗累，可以全力从事于国家事务。如希腊罗马诸州之家庭经济，生产上若不遇特别刺激，则财主或地主无使用其智力于私事之必要，因此，他们遂以政治生活为其毕生行为之目的。所以上古世界不视公民与国家为一体，即说人们为政治的动物。近世工资制度则不然，资本家须以全力经营其生产事业商业机关或银行机关，决不能人人直接行使政权，其行使政权的方法只有藉着他们所豢养的政党去执行，这就是近世代议制盛行的原因。

这样看来，经济和政治组织之关系约可分为四期：在原始共产时代，经济为共同连带性质，故雏形的政治组织全然为共同的形态；奴隶制度时代，自由人对于政治上的共同连带仍视为生存必要条件，不过范围只限于富人阶级而非全民族；封建时代，政治的组织，除却自治城市之政治连带外，纯然以个人主义为其特征；至于近世资本主义时代，经济上纯为个人主义，政治情形也完全与之相适应。

在奴隶制和隶属制之下，财主和地主都可致力于公众事务，故代议制决不能发生。及近世工资制成立，资本家经营生产与行使政权，二者势难兼顾，所以必须设立代议制。故工资制开始之英国，同时又为代议政治之先导。英国议院政治实行许久，德国始废古昔的族制政体而采用代议制，因为德国的大工业发达很迟。由此更足证明政治组织完全随着生产机关之变化为变化。

　　财富的收入，大别有地租和利润的区分。由此区分常使权力阶级分裂为二，而形成利害各殊之二政党。代表地租者常常反对生产的改良，故形成为保守党；代表利润者常常认改良生产为其利益，故形成为进步党。这为经济的冲突必致发生政治的冲突之通例。政党的组成分子，即为不生产的劳动者。不生产的劳动者，在政治上具有很大的势力，支配阶级的各种收入，必须分割大部分于他们，以充他们的工资。

　　不生产的劳动者外，还有不生产的资本（如银行资本等）。不生产的资本于资本收入之存在与扩张，具有极伟大之作用；所以不生产的资本在政治上也占有极重要的地位。资产阶级虽间接于议院表现其"民意"，然单靠这样还是不够，乃更进而直接操纵行政机关，其惟一手段在通气脉于银行与政府的财政部之间，阴为不法的勾结，使政府愈感依赖银行之必要。不生产的最好标本莫如公债，发行公债可使政府于若干时间无须加课新税而免议会之控制。美国不生产的资本对于政府的权威比欧洲更为伟大，银行和铁路公司的代理人常常在议院休憩室里面横冲直撞，对于其收买的议员施行不可抵抗的威力；党人俯伏于不可思议的资本势力之前，一言一动莫不听其指挥；所以立法行政二部完全为资本家颐指气使的机关。

　　不生产的劳动者在政治上的势力与不生产的资本同其重要。在某一时期，不生产的劳动者得丰厚之收入，则在政治上对于支配阶级必尽其忠诚之义务，而对于被支配阶级亦与以几分宽大，以减杀其不平之气，故其政绩特别显著。例如中古之僧侣，为压制并调剂农奴社会以确保封建财产之必要人物，故特占重要地位：不仅得享收入，而且得享政权之分与，以调节或操纵于农奴与地主之间，使封建制得永续其命运。其后宗教与国家起有趣之纷争，即因全般收入减少，地主要谋收回其已经给与之利益，而在僧侣则乘权仗势，更要求特权之增加。及入资本主义社会，僧侣既非保护资本财产之要具，所以其经济上之地位与封建制度同归破灭；由此资本国家的雇员、官吏、律师、新闻记者、医生、文学家等所组织的新团体或政党即代之而兴。这类不生产的劳动者，当着动产与不动产冲突之时，或阶级争斗严重之时，则其所处地位愈益重要；然若其所从来拥护之财产制度和生产关系已达末运，而其收入大大减少，则经济上之恐慌必致政治上之恐慌，经济上之破产必致道德也要破产：这类不生产劳动者必翻然变计，离叛其故主而与被压迫的反抗阶级携手以革旧制度之命。此如上古之门客，中古之僧侣，以及现代一部分极进步的智识阶级和自由职业者之投入无产阶级的阵线，皆其明证。

当氏族制度、奴隶制度和封建制度成为人类生产力发展之障碍的时候，也就是它们临终的时候；这种时候现在又轮流到了资本主义的社会。资本主义的大生产，不仅为将来共产主义社会准备了各种必要的经济条件，而且为它自己养成了最大多数的掘墓人——近世无产阶级。无产阶级在资本主义社会多年的利用和训练之下，不仅增加了教育程度和管理生产的普通知识，而且形成了自己独立的革命的政党；所以它的双肩不仅担负破坏为资本主义所弄僵的社会，而且担负建设将来既没有私产又没有阶级和国家的共产主义社会。然其过渡必须组织自己的扩大的民主共和国家（如苏俄联邦制），以为破坏和建设之起重的机械。无产阶级民主共和国，为国家演进之最高形式，亦即为国家消灭前之最终形式。从此以后，人类将复为生产之主人而还复到自由平等的共产主义的广大而丰富的生活。然将来共产社会与原始共产社会有很不相同之异点：即原始共产社会建立在人类生产力极低的凹线之下；而将来共产社会则建立在人类生产力极其发达的水平线之上。

第十章

近世社会之必然崩溃

资本主义社会必然崩溃之理论，科学的社会主义之创造者在他们有名的著作中早已深明著切的阐明了；兹之所言，惟限于最近现象之事态。

资本主义发达到 20 世纪的初年，全人类五分之四以上已成为最少数资本家的奴隶（或为工钱劳动者或为殖民地半殖民地被压迫的民族）。各国资产阶级因为生产的过剩和紊乱，早已准备异常强大的武力以争夺殖民地。1914 年到 1918 年的第一次世界大战爆发，世界形势急转直下入于革命时期，而资本主义社会一切平衡的基础遂根本动摇而濒于破产。今试首述战后欧洲经济状况之衰颓：

战前交战各国财富之总和为二万四千亿金马克；每年生产收入之总和为三千四百亿金马克。大战之耗费为一万二千亿金马克，恰好等于交战各国财富总和之一半。大战中，交战各国每年收入之总和减少三分之一，即每年收入只达二千二百五十亿金马克。总括一句，战后交战各国财富之总和，由二万四千亿减至一万六千亿，即减少了三分之一。不但如此，各国于战费外，每年消费之总和约占每年收入百分之五五；而战费每年又短少一千亿。大战四年，各国共计短少之收入为四千亿，短少战费亦为四千亿，两共合并短少八千亿金马克。

　　然则用什么方法来弥补这八千亿短少之开支呢？只有提取生产资本而置生产机关之改进事业于不顾：其方法便是大大地发行纸币与公债，国家藉此吸收各地的现金而耗之于战争。国家开支愈多，即现金耗费愈甚，亦即纸币堆积愈多。各种名义的债票充斥市场，外貌好似国家财富异常增加；实际，经济基础日益衰弱动摇而濒于破产。各国国债由大战增到一万亿金马克，约占各国财富总和百分之六二。

　　战前各国流通纸币与各种信用券仅二百八十亿金马克；战后则增至二千八百亿，即增加十倍。由此金本位制完全变为纸本位，而入于所谓虚金资本时代。信用券、国库券、各种公债票和银行券等等，一面代表死资本之回忆，一面代表新资本之希望。

　　为生产事业而发行公债，与为战争而发行公债，性质显然不同。战债愈多，即票额实价愈跌落而渐等于零。资本家保留千百万纸币于其口袋，作为国家之负欠；千百万现金皆耗毁于战争而不复存在。然则债券之执持者还有甚么希望呢？若是法国人，只有希望法政府向德国连皮带血的挖取几百亿以偿还其债项。然德国愈加毁坏，即全欧资本主义愈不能复苏。

　　战时及战后，资本家及制造军需品而获巨利，但于生产机关之改建则甚为漠视，这在城市房屋问题中便可看出。他们只将破坏不堪的房屋分配于工人，而不建筑多量的新房屋。房屋的需要，在战后是很迫切的；但这种必要工程竟因普遍的穷困而完全停止。资本主义的欧洲，在现在与将来的长时间中，不能缩小其活动的范围而使劳动者的生活降于水平以下，亦即使生产力降于水平以下。

　　现在再就各国情形，分别言之：战前德国全国财富为二千二百五十亿金马克；每年收入为四百亿金马克。现在全国财富不过一千亿金马克，收入不过一百六十亿，即不过战前收入百分之四十。德国现在的国债为二万五千亿，超过其财富总和之二倍半。到 1921年，德国纸马克已达八百一十亿之多，所以纸马克跌得一文不值。工商业状况表面虽呈旺盛之势，而资本蓄积极其低减，劳动生产力极其衰弱。资本家因为要使他们的商品廉于英法的商品，所以极力减少工钱增加时间，而他方面又抬高国内的物价；所以工人及一般人民的生活异常穷困，而生产力亦因而极其衰弱。德国资本主义已完全达于破产地位，而莫可救药了。

法国因为战胜的关系，资本主义之衰颓比较德国虽略胜一筹；然农业生产和煤铁生产皆比战前衰落。1919 年法国商业上的入超为二百四十亿，1920 年为一百三十亿。两年间的入超共计为三百七十亿，法国资产阶级在战前从未遇过这样可怕的入超数字。

战前法国纸币为六十亿弱；到 1921 年加到三百八十亿以上。金佛郎价格，在英国市场上不及战前四分之一，即此已可看出法国的财政降至何等地位。现在法国经常预算增至二百三十亿佛郎，其中一百五十亿是付国债利息的，五十亿是维持军队的。法国政府加此严重负担于人民身上，实际抽得之税不过一百七十五亿。故法国财政异常困难，不够偿付国债利息和维持军队之用。然占领军费在 1921 年已超过五十亿以上，战区修复费亦达二百三十亿之多。所以法国财政的出路只有遮掩的破产（无限制发行纸币）和公开的破产之两途。

英国在大战初期颇发了财，但到第二期开始失败。大陆与英国的商业关系已由大战打断，英国在商业上财政上都受莫大的打击。加以战费浩繁，经济日趋衰落，劳动生产力也大大减低。商业不及战前三分之一，某几派重大工业更受影响，所以失业人数常在五六百万以上。主要产业的煤矿，1913 年有二万八千七百万吨；1920 年只有二万三千三百万吨，即比战前减少百分之二十。铸铁在战前为千万吨以上；1920 年只八百万吨，亦比战前减少百分之二十。1913 年输出煤额为七千三百万吨；1920 年只二千五百万吨，仅及战前三分之一。

英国国债，在 1914 年 8 月 1 日只七千一百万金镑，在 1921 年 6 月 4 日增至七万七千万以上，即增加了十一倍。预算也增加了三倍。

英国经济的衰颓，又可于金镑的价格中看出。战前金镑在世界金融市场上居第一位，为全世界金融之主人；现在完全被美国洋钱夺去其地位，它的价格比战前低减百分之二十四。

以上所引种种数字，足够证明全欧资本主义之衰颓。交战各国，以奥国为痛苦之极点，而英国则处另一极点（然犹如此）。德国介乎两极点之间，巴尔干各国则完全破坏而退到农业经济与半开化时代去了。欧洲收入总额至少比战前减少三分之一，但这还不算最重要；最重要的是生产机关之根本破坏。现在农人再也得不到化学肥料与农业机械；矿局只愿意煤价抬高，而不改良矿业机器及工人生活状况；火车头的储藏业已虚空，铁路之修复亦不充分。因而欧洲经济生活愈益衰落而莫能挽救。由此我们对于欧洲全般经济情形，可下一最正确的评语：战后各国都是拿着它们根本的生产资本去供消费；生产机关之改善，因为资本平衡的破坏，国际间的冲突和战争状况之莫可停止而永远归于不可能。

现在再看欧洲以外的美国，美国乃是大战中之暴发者。战前美国的输出物为农产品和原料（占总输出三分之二）。战时的输出异常增加，1915 年至 1920 年的六年中，美国的出超总额约值一百八十亿美金。同时输出品的性质也根本变更：工业制造品占百分之六十，而农业品和原料等仅占百分之四十。以下数字可以显明美国在世界中之经济地位：

美国人口占全球人口百分之六，面积占百分之七，金的出产占百分之二十，商船吨数占百分之三十（战前不过百分之五），钢与铁占百分之四十，铅占百分之四十九，银占百分之四十，锌占百分之五十，煤占百分之四十五，矾占百分之六十，铜占百分之六十，棉占百分之六十，煤油占百分之七十，米占百分之七十五，汽车占百分之八十五。现在全世界的汽车为一千万辆；而美国占去八百五十万辆，平均每十二人有一汽车。

美国生产力虽无限扩张，但因欧洲贫困，购买力减低，所以市场常感停滞之痛苦，失业工人在战后曾达八百万之众。欧洲做了美国的楼梯，帮助美国上了屋顶；但美国方在屋顶上趾高气扬的时候，楼梯已经腐坏拆断了。富足的美国与贫穷的欧洲隔绝，即世界经济的平衡完全破坏。现在综括世界资本主义正在崩溃之情况，约有下列之六点：

一、地域上的推广阻止了并且缩小了。以前资本主义之昌盛由于不停的推广殖民地及常常获得新市场；但地球面积有限，资本主义发达到今日已是无孔不入，亚洲、非洲的穷乡僻壤，都有了大工业国的商品；加以劳农俄国成立，占全地球六分之一的地方，已不是资本主义的范围了。

二、有些资本主义国家，回复到资本主义以前的经济状态去了。这种状态在中欧与东欧特别显著：因为纸币的跌落，农人渐渐回复到自给的经济状况，既不愿将其农产品卖于市场，又不愿买市场的商品，而以家庭生产自给；从前以现银纳税，现在以货品纳税，从前用货币交易，现在用谷物交易；资本不投于生产事业而投于不生产的投机事业。

三、国际的分工破坏了，世界经济生活的单位摇动了。比如美国从前是农业国，英国是工业国，因有这种国际的分工，所以资本主义发达非常畅利。现在不然：美国由大战一跃而兼为工业最发达的国家，同时英国也高唱发展自己的农业；各大工业国皆极力恢复几百年前的保护政策，增加进口税（如英美税则之增高），以防外来商品之输入，巩固国内的市场；因而国际贸易额大减，国际经济的协作衰颓。

四、世界经济生活的统一破坏了。战后，资本主义的中心由欧洲移至美国；但以前欧洲的旧中心能藉水陆交通，将高量的生产匀送于低量生产之各地，故世界经济生活常呈统一平衡之观；现在不然，因为国际经济的平衡破坏，中欧、东欧纸币的跌落，生产高的国家不能将其生产品匀送于生产低之各地，高量生产与低量生产遂失其调剂而分为两种半身不遂的经济状况。

五、生产减低，财富的积聚也减低了。战后，中欧、东欧完全破产，丧失其购买力。故工业恐慌，在英美特别显明，失业者常自二三百万至六七百万，所以生产异常减低，财富之积聚自然也要异常减低，这种状况在战败国更甚。

六、信用制度崩坏了。战前欧洲各国皆采用金本位制，纸币与金币价格相等；战后几乎完全变为纸本位，纸币与金币价格相差悬殊；国际间汇兑率尤为奇变，国际经济之平衡异常倾畸，国际交易也就异常衰歇。比如金价高的美国很难与金价低的德国做买卖，因为高价的物品只能换些一文不值的马克。

资本平衡是由种种事实、种种现象、种种复杂因数决定的。战前资本平衡建筑于国际分工与国际贸易之上：如美洲为欧洲生产一定数量之小麦，法国为美国制造一定数量之奢侈品，德国为法国制造价廉物美之日常用品。然而这种分工决不是永久不变的，常因种种情形而决定。总括一句，世界经济是建筑于这样的事实之上：一切生产必多少分配于各国。现在这样事实，已归于不可能了。国际分工由上次大战彻底破坏了。

从前在各国中，农业是为工业品而生产的。反面，工业是为供给乡村需要并制造农具的。所以农业与工业之间有一定的相互关系。工业本身之内部，又有制造生产工具与日常用品之别。在这样分工之间也常常成立一种一定的相互关系。这样一种相互关系，常常纷乱，亦常常在一些新基础之上复建起来。

但大战把以上一切生产关系都破坏了：欧美及日本的工业都不大制造日常用品及生产机械，而专门制造破坏的工具。纵然多少制造点日常用品，但是专门供给破坏者——军队兵士之用。城乡间关系，以及各国工业内部之分工，也被大战破坏无余。

阶级的平衡是建筑在经济的平衡之上：战前，武装和平不仅存在于国际关系之间，而且存在于资产阶级与无产阶级关系之间。其方法即为权力集中之资本团体与权力集中之工团协订团体的契约。但是这种劳资间的平衡又由大战破坏了。于是全世界发生异常可怕的罢工运动。

在资产阶级社会中，阶级间的平衡是异常重要的，没有这种平衡一切生产都成为不可能。阶级平衡与政治平衡有密切关系。大战前及大战中，资产阶级藉着社会民主党的帮助维持工人阶级于资产阶级平衡的范围之内，为的是便于资产阶级对外作战。但是这种平衡也由大战破坏了。

更进一步研究国际平衡的问题。这即是资本国际间的共存问题。没有这种平衡，资本主义的经济改造是不可能的。然而事实已完全证明其不可能了。

上次大战的爆发，便是因为生产力已觉到资本主义各大强国的范围太窄狭了。资本帝国主义的倾向就是要取消一切国界，取消一切关税，取消一切束缚生产力发展的障隔而占领全地球。这就是帝国主义的经济基础和上次大战的总原因。

结果怎样呢？由《凡尔赛和约》的规定，欧洲的国界和关税比前更多，简直为前此所未有。现在欧洲建立了许多小国，一打一打的税关横过了奥匈的全领域。各小国都被禁锢于关税制度之中。这在经济发达的见地上说，乃是把中世纪的癫狂政策移到了 20 世纪。巴尔干各国退到了半开化时代，而欧洲则已巴尔干化了。

现在德法的关系，有排除欧洲任何平衡之可能。法国不得不劫夺德国以维持其阶级平衡，德国不能不为这种劫夺的牺牲。

欧洲铁矿之最大部分，现已入了法人之手。而煤之最大部分则在德国。法国之铁与德国之煤之联合，本为组成复生欧洲经济之先决条件。但这样的联合虽于生产发展为必要，而于英国资本主义则为致命之危险。所以伦敦政府必用全力或激烈或和平以停止法德煤铁之联合。

由上次大战，英国打败了德国，然则在现在国际市场上以及一般世界形势上，英国反比战前为弱。美国因英国之损耗而强固，比较英国因德国之损耗而强固的程度高得多。

美国现在在它工业进步的事实上已经打败了英国。美国工人的劳动生产力，高于英国工人劳动生产力百分之一百五十——两个美国工人藉着极完全的工业机关可以等于英国五个工人的生产。据许多的统计，英国与美国的竞争，屡次遭了失败，这点足够使英国与美国永远冲突。

美国的煤，在全世界及欧洲市场上篡夺了英国固有的地位；然而英国世界贸易的基础，正建筑在煤的上面。

煤油现在工业上及军事上为决定的要素。现在全世界的煤油美国占百分之七十，若到战时则一切煤油都可以归华盛顿政府使用。此外美国又具有墨西哥的煤油——占全世界产量百分之十二。然而美国人还诋毁美国国境以外的煤油集中在英国人手里，英国油矿百分之九十拒绝美国参加，深恐己之所有，数年后有用尽之虞。假若这是真的，那么将来英美的冲突必更促进得快。

欧洲负欠美国的债务问题，现在已属紧迫。其总额约为一百八十万美金。因此美国可常常给英国一些财政上的困难，要求偿还它的欠款。英国屡请美国取消英国的债务，英国也取消欧洲大陆欠它的债务。假若这个成功了，当然英国可得很大的利益。因为英国欠美国之债远过于大陆各国欠英之债。然而这是美国一口拒绝的。

英国赖其原有的海军势力，在海军上还占优势，但是这还是一种消极的地位，并且渐渐地会要降于第二位第三位，而让其海洋霸权于美国。

所以上次欧战，虽然解决了欧洲问题——英德战争问题，现在反而发生了丰富的世界问题——统治世界的是英国还是美国呢？此为制造新世界战争之根源。现在海陆军费的增加，超过于战前的准备：英国军事预算增加三倍，美国增加三倍半。1914 年 1 月 1 日（此时为高倡武装和平之时）全世界只有七百万兵士，1921 年 1 月有一千一百万。这样重大的军事负担加于疲竭要死的欧洲之上，资本家口里还要谈什么复兴欧洲！

世界市场缩小的结果，经济恐慌日益严重，资本国家间之争端达于极点，国际关系之平衡异常动摇，不仅欧洲成了疯人院，全世界亦成了疯人院。在这样情形之下，还说甚么复建国际的平衡？

现在我们再看战后社会冲突之发展：经济的进化，并非全然是自动的历程，是要由人们的工作与活动才能完成的。现在人与人的关系，以及阶级与阶级的关系，从经济的见地说，到了甚么境地？在德国及其他欧洲的某几国，经济程度已退后了二十年或三十年。但从社会的（即阶级的）见地说也是一样的退步么？决不是这样。在德国的各种社会阶级，不但在战前二十年以来随资本主义之异常繁盛而异常发展异常集中，就是在大战中及大战后也异常发展。

经济进化的两要素：一为国民财富，一为国民收入。此两者在欧洲现在都减低了。此两者虽然减低，然而阶级的发展反一天天的进步：无产阶级的数目日看日增多；资本越集中于最少数人之手，各大银行日趋合并，各大企业愈益联合为托拉斯。所以阶级争斗随着国民收入之减低而愈趋愈严厉，乃为必不可免的事实。这就是现在社会冲突的症结。

物质基础越有限，则阶级争斗越严厉——各派社会阶级瓜分国民收入之争斗愈激烈。欧洲国民财富落后了三十年，这就是在经济的见地上，减退了三十年；而在阶级争斗的见地上，则增进了三百年。此为现在的无产阶级与资产阶级的关系。

大战初期，因军队极需要面包与肉类，农产品价格不停的昂贵，所以全欧农人发了财。但农人收入口袋里面的尽属纸币，最初以此等纸币清偿旧债，自然于他们是很有利的，但后来就不同了。

资产阶级经济学家以为农人经济之繁盛足以担保战后资本主义之巩固。但是这个计算完全错误，农人虽然清偿了旧债，但是农人经济不在付金于银行，而在于耕种其土地改良其工具种子技术等等。这些，在大战中都被阻碍。

别一方面，因大战而劳力缺乏，农业减低，经过一时半虚伪的繁盛后，农人就开始破产起来。欧洲农人破产的程度各有不同；但在美洲特别不同，从欧洲破产不能购买国外面包之日起，南北美及澳洲的农人便开始感受可怕的痛苦。小麦价格一天跌落一天，于是农人不满与不平之气发酵于全世界。至此农人阶级不能再守秩序，工人阶级便有使贫农加入阶级争斗，中农中立，富农孤立之可能。

工程师、技术家、医生、律师、账房、官吏、雇用人，他们的地位处于资本与劳动之间，为半保守的社会阶级。每每主张调和，并赞成民主制。

大战中及大战后，这个阶级感受的痛苦比工人更甚，他们生活水平之降低，也比工人更甚。纸币不值价和购买力之减低，为其主要原因。所以全欧知识者技术家一切中等阶级人民之中，充满了不平之气。如意大利吏员罢工，西班牙银行雇员罢工，即是一例。

吏员、银行雇用人员等等当然不会组入无产阶级，但是他们因此也丧失了他们保守的性质。因为他们不平与反抗，所以他们是很动摇的，对于资产阶级的国家也不再维持了，而且想拆坏它的墙脚。

资产阶级知识者之不满，常常随着工商业中等阶级和小资产阶级之不满而扩大。工商业的中等阶级及小资产阶级日觉压迫，日觉摇动；而大资产阶级日联合于托拉斯之中，其横蛮的霸占日日减少国民的收入，国民愈贫而他们愈富。于是不属于托拉斯的资产阶级及新中等阶级或相对的衰落或绝对的衰落而倾向于革命。至于无产阶级纵然他们生活条件已减低，而他们普遍的都要负担国家的严重税收。工人阶级对于国家的负担现在比战前严重得多。属于托拉斯的资本，他们总想把他们对于国家的负担完全加在工人的肩上。

农人不满意于农业经济的颓败，知识阶级日觉贫困，中等阶级和小资产阶级日形破产而愤怒，所以阶级争斗的严厉非达到社会革命不止。

战后工人阶级的新现象，从 1921 年德国三月事变中可以看出：这次事变之主要分子为中部德意志的工人；他们在大战以前是极落后的分子，然而这次起事，他们既不要统率，也不顾成败，自发自动的上了革命的战线。由此可知社会革命必然要一天一天扩大，一天一天成熟：不仅在各大工业国内有农人阶级中等阶级及资产阶级的落伍分子和进步分子为之呼应，而且有全世界殖民地和半殖民地的国民革命运动为之呼应。世界革命的成功，只是时间迟早的问题。